Recomendações

"Em tempos em que somos forçados a nos voltar para nós mesmos e promover mudanças no modo como percebemos a vida e no objetivo que almejamos, este livro se apresenta como um guia ideal. Dá ao leitor clareza de pensamento e o ajuda a pavimentar um caminho que corresponde aos seus sonhos, à sua consciência e ao seu coração."

Divya Kaushik
Correspondente especial do *Delhi Times*

"Uma bíblia que ensina a alcançar a felicidade, a paz e a prosperidade. Uma leitura obrigatória nos tempos atuais."

Neeti Nigam
Editora assistente da Indianexpress.com

"Este livro estrutura e expõe uma compreensão do modo como a nossa mente opera com uma mescla perfeita de funções desempenhadas por diferentes aspectos, como psicologia, nossa história antiga, ciência e assim por diante. Além disso, aprofunda-se para mostrar como esses aspectos assumem uma ou outra das condições extremas com que nos deparamos na vida e como só podemos mover montanhas se soubermos orientar-nos para o lado positivo dos extremos e encontrar uma via de saída. A autora realizou um trabalho louvável ao reunir tudo isso e explicar ao leitor não apenas as razões como também o modo como podemos aprender a alterar o rumo e sair vitoriosos."

TOSHI KAUSHIK

Consultor de riscos da Deloitte Índia

"*O Poder Magnético do Pensamento* é um ótimo livro para alunos do programa de formação de professores e para professores com grande interesse em moldar as futuras gerações da nação."

DR. MUNESH KUMAR

Diretor da Escola de Formação de Professores da Faculdade de Educação da Universidade CSJM

O PODER MAGNÉTICO DO PENSAMENTO

Swati Srivastava

O PODER MAGNÉTICO DO PENSAMENTO

Um Guia Prático para Você Se Tornar Cocriador da Realidade e Promover uma Vida Mais Abundante, Feliz e Saudável

Tradução

Euclides Luiz Calloni

Editora Cultrix
SÃO PAULO

Título do original: *The Magnetic Power of Your Thoughts: A Guidebook for Creating a Happy and Abundant Life.*

Publicado originalmente em 2022 por Hay House Publishers (India) Pvt. Ltd.

1ª edição 2024.

Editor: Adilson Silva Ramachandra
Gerente editorial: Roseli de S. Ferraz
Preparação de originais: Marta Almeida de Sá
Gerente de produção editorial: Indiara Faria Kayo
Editoração eletrônica: Join Bureau
Revisão: Claudete Agua de Melo

Dados Internacionais de Catalogação na Publicação (CIP)
(Câmara Brasileira do Livro, SP, Brasil)

Srivastava, Swati
O poder magnético do pensamento: um guia prático para você se tornar cocriador da realidade e promover uma vida mais abundante, feliz e saudável / Swati Srivastava; tradução Euclides Luiz Calloni. – 1. ed. – São Paulo: Editora Cultrix, 2024.

Título original: The magnetic power of your thoughts : a guidebook for creating a happy and abundant life.
ISBN 978-65-5736-350-8

1. Pensamento I. Título.

24-224273 CDD-153.42

Índices para catálogo sistemático:

1. Poder do pensamento: Psicologia 153.42
Cibele Maria Dias – Bibliotecária – CRB-8/9427

Direitos de tradução para o Brasil adquiridos com exclusividade pela
EDITORA PENSAMENTO-CULTRIX LTDA., que se reserva a
propriedade literária desta tradução.
Rua Dr. Mário Vicente, 368 — 04270-000 — São Paulo, SP
Fone: (11) 2066-9000
http://www.editoracultrix.com.br
E-mail: atendimento@editoracultrix.com.br
Foi feito o depósito legal.

Dedico este livro à minha avó,
Krishna Srivastava,
já falecida,
cujo amor e afeto ficarão comigo para sempre.

“Oh, coração cansado, carregado com o peso e o cuidado da terra.
Oh, pés, tropeçando no caminho, despidos, sangrando.
Oh, braços estendidos e mãos erguidas em oração.
Oh, costas, tantas vezes chicoteadas e golpeadas.
Oh, alma, sempre clamando ao Deus vivo.
Oh, vida, lutando para se libertar da matéria.
Lembra-te: não há força externa.
Tu mesmo deves enfrentar cada medo e resolver cada dúvida
sempre com um poder divino, interior,
que tu mesmo, sobre ti, insuflarás.
Assim, dando, tomas, e tomando, dás
àquela vida que tu, tu mesmo, viverás.”

— *The Science of Mind*, Ernest Holmes

Sumário

CAPÍTULO 3

Introdução

"Não espere que algo fora de você mude
algo dentro de você."
— Dr. Joe Dispenza (escritor)

Você quer viver uma vida de excelência? Quer produzir um impacto no mundo? Quer alcançar a prosperidade seguindo o caminho da sua paixão? Quer impregnar-se de boa saúde todos os dias? Ou prefere viver uma vida medíocre, apenas pagando contas e voltando para casa exausto, para uma família cheia de raiva? Se já pensou em reformular a sua vida, chegar ao topo e alcançar os seus objetivos, você está no lugar certo.

Hoje em dia, a maioria das pessoas anseia por um ou outro objeto material para tornar a vida mais feliz. Se você não é uma dessas pessoas, talvez esteja procurando prazer em seus relacionamentos, no seu emprego ou mesmo em suas postagens nas redes sociais. Você ignora o fato de que, para tornar a vida mais feliz e digna de ser vivida, você precisa ficar em contato consigo mesmo e não depender de pessoas ou de situações externas. Você ignora o fato de que é um ser humano completo em si mesmo e em todos os aspectos. O senso de realização que tanto almeja só pode ser conquistado por você mesmo. Nenhum outro fator de caráter material ou imaterial pode lhe oferecer o que você tem condições de oferecer a si mesmo. A jornada de uma vida vivida com alegria momento a momento começa dentro de cada um de nós. Você só pode se tornar a pessoa dos seus sonhos se identificando e trabalhando com base em suas possibilidades e capacidades. Nada pode mudar esta verdade fundamental. O poder de alcançar a excelência está dentro de você, e é esse poder que pode lhe propiciar a vida milagrosa que sonha viver. Este livro tem o objetivo de fazer você se lembrar do seu poder esquecido.

Algumas pessoas conseguem grande abundância e felicidade em pouco tempo e com pouco esforço; outras só chegam a esse ponto depois de muito tempo e de muito mais esforço; outras ainda são incapazes de superar as dificuldades e passam a vida em luta constante. Por que você acha que as coisas acontecem desse modo? Se as condições da vida se devessem à riqueza herdada, à força física ou a um QI excepcional, todas as pessoas contempladas com algum desses atributos manter-se-iam prósperas durante a vida inteira. Mas não é assim que as coisas acontecem; então, deve haver algo mais que precisa ser investigado.

As pessoas que alcançam os objetivos relacionados em sua lista de desejos e aspirações aplicam o poder do pensamento, de modo consciente ou inconsciente, na direção correta. Esse poder recebe muitos nomes, mas vou chamá-lo de "poder do pensamento", pois essa expressão é a que explica da melhor maneira o seu significado. Em cada momento de sua vida, os pensamentos que você libera da sua mente criam e modelam o seu dia. Quem consegue aplicar de maneira proativa o poder do pensamento na própria vida pode alcançar o que quiser, independentemente das condições presentes ou passadas. Se você acreditar com firmeza em seus sonhos, ninguém conseguirá impedi-lo de viver a vida que deseja. Você pode ter o parceiro ou a parceira de vida que almeja, a casa dos seus sonhos, boa comida no prato, saúde perfeita, excelência acadêmica, uma empresa de sucesso, um emprego de renome, uma vida realizada... ou seja, tudo o que você quiser.

Se este livro chegou às suas mãos, acredite em mim: esse é um sinal de que você atraiu um guia, um orientador para uma vida que deve ser vivida com propósito e alegria. Com ele, a vida lhe dará a oportunidade de mudar o modo como tem vivido até agora. Ele vai ajudá-lo a restabelecer a conexão perdida com a pessoa mais importante do mundo – seu "Eu". Irá ensinar-lhe o quê, o porquê e o como do poder do pensamento. Este livro reúne e apresenta algumas das melhores maneiras de utilizar o extraordinário potencial presente em cada ser humano. Por intermédio dele você terá a possibilidade de compreender como a energia circundante do Universo pode trabalhar a seu favor. Você também poderá descobrir que não é tão difícil quanto você imagina alcançar suas metas e seus objetivos.

Se é assim, por que esse extraordinário conceito não faz parte das conversas em família e não é praticado e ensinado pelo nosso sistema educacional? A resposta deriva do fato de que a raça humana atual veio perdendo esse conhecimento com o passar das gerações. Além disso, esse mesmo maravilhoso potencial dos seres humanos pode ter se tornado um conceito grandioso ou assustador demais para ser popularizado. O conhecimento do poder do pensamento ficou restrito a determinadas tradições, a determinados grupos e a praticantes que ainda vivem cada dia de acordo com ele.

Na atualidade, parte da comunidade científica começou a aceitar esse poder do livre-arbítrio que as antigas culturas do Oriente e do Ocidente sempre conheceram. Estudos e milhares de pesquisas em cosmologia, física quântica, neurociência, psicologia, epigenética, parapsicologia, história, entre outras áreas, apontam para um poder imensurável da mente humana e do campo energético do Universo. Esse campo de energia onipresente ao nosso redor – ao qual a ciência, a religião e as pessoas deram diferentes nomes, como inteligência superior, guia interior, fonte etc. – é a base de toda a existência. A investigação desse campo energético por intermédio de pensamentos coerentes e focados favorece a aquisição de tudo o que se deseja desfrutar na vida.

Este livro abrange muito mais do que o chamado pensamento positivo. Aborda um tema muito mais amplo e profundo que envolve o modo como o nosso cérebro, a nossa mente e a energia do Universo estão entrelaçados, formando uma enorme rede, onde acontece a dança da criação. Considera o aspecto geral de por que e como um uso proativo do poder do pensamento funciona algumas vezes e em outras vezes falha.

O livro não promove ideias insensatas ou mágicas. Não aceite de modo cego os fatos aqui relatados. Desenvolva suas experiências e veja se pode concordar com os fatos ou não. No entanto, o aspecto fundamental a ser relevado é que, quer você persevere em sua crença inabalável, quer persista em seu ceticismo, o poder do pensamento sempre produzirá resultados!

Se você tem algum conhecimento sobre o poder do pensamento, mas ainda resiste a acreditar nele por causa de informações duvidosas ou da pressão de colegas ou da sociedade, pergunte-se: "Essa atitude cética me ajudou até agora?". Não creio que a sua resposta será um enfático "Sim!", pois, se fosse, você não estaria com este livro nas mãos. Sem a sua plena participação, qualquer teoria espiritual ou científica será inútil. Não rejeite os fatos aqui expostos como se fossem apenas disparates da Nova Era. Afinal, seu presente e seu futuro dependem disso. Se uma leitura de cerca de duzentas páginas pode elevar sua vida a um nível inusitado, não vale a pena tentar? Eu adianto que, quando você terminar de ler este livro, não restará pedra que não tenha sido removida no que se refere ao seu conhecimento do poder do pensamento.

A ideia de escrever um livro abordando todos os aspectos do poder do pensamento me ocorreu porque constatei que havia uma lacuna em sua popularidade e sua aplicação, apesar de este tema ter se tornado objeto de muitos ensaios e artigos na época atual. O conhecimento superficial do pensamento positivo e do poder do pensamento é insuficiente para nos levar a colher todos os seus benefícios. Desse modo, o livro visa a servir de ponte entre o conhecimento e a aplicação do poder do pensamento. Procuro unir o poder infinito da energia com o poder incomensurável da nossa mente a fim de criar a realidade almejada por nós. O livro engloba ciência elevada, fatos muito motivadores, diversos exemplos e um plano de ação confiável e seguro.

Há quatro diferentes níveis para a aplicação eficiente do poder do pensamento. Só quando o indivíduo se dedica a cumprir todos eles é que o resultado desejado se concretiza. Esses níveis são apresentados a seguir.

- **Nível 1 – Consciência do poder do pensamento**
  O Capítulo 1 apresenta o poder dos seus pensamentos e os benefícios do pensamento positivo.

- **Nível 2 – A superação do ceticismo**
  O Capítulo 2 o ajuda a eliminar os seus preconceitos e o ceticismo em relação ao poder do pensamento. Se você não acreditar nesse potencial de modo pleno, sua reduzida fé não lhe permitirá aproveitá-lo ao máximo. Depois de relatar a história do poder-pensamento, exponho as razões pelas quais a ciência começou a aceitar o poder do pensamento. De centenas de experimentos científicos realizados, apenas alguns foram incluídos neste livro, mas são suficientes para atrair a sua atenção e para que você revigore a fé em suas próprias capacidades. Não importa se você compreende ou não o princípio científico subjacente ao funcionamento do poder do pensamento. O importante é que acredite no poder que está dentro de você.

* **Nível 3 — Papel do subconsciente**

  Sem considerar o poder do pensamento e a mente subconsciente juntos, você não se beneficiará por completo desse poder. Na vida real, só uma mente saudável conduz a pensamentos saudáveis e a um futuro brilhante. O Capítulo 3 trata do recondicionamento da sua mente subconsciente para fortalecer suas crenças com o objetivo de torná-lo insuperável, para que nada nem ninguém possa detê-lo.

* **Nível 4 — Criação da sua realidade com o poder do pensamento**

  Depois que você começar a acreditar de verdade em seu poder interior e se abastecer com crenças positivas, esta seção deve levá-lo a um modo de pensar unidirecional e proativo. Você vai aprender a nutrir pensamentos focados e contínuos. Os exercícios práticos descritos nos Capítulos 4 a 7 vão ajudá-lo a manifestar a realidade que você almeja.

Se você está conhecendo agora o conceito de poder do pensamento, este livro será seu guia por meio dos pressupostos básicos e dos modos de aplicar este maravilhoso conceito. Se já conhece o poder do pensamento, mas tem praticado com pouco sucesso, poderá detectar suas deficiências e encontrar maneiras de mudar sua atitude. Seu papel como leitor consiste em apreender detalhes e exemplos inspiradores, adotá-los e segui-los de agora em diante.

Neste momento, em que você toma a decisão de ler este livro, saiba que esta não será apenas uma opção de mudança de vida para você; será também uma conquista prazerosa para mim, pois terei a oportunidade de dividir esse conceito com você e de fazer com que este mundo seja um lugar melhor para se viver.

A jornada para chegar a um estado de felicidade não é transcendental; antes, procede do interior de cada um. Se você consegue efetuar uma mudança interior, evolui como um ser humano capaz de autorrealização. Então, prepare-se para fazer uma caminhada maravilhosa! Quando cada miligrama de energia dentro de você começar a dizer "sim" para uma vida bela, milagres acontecerão e nenhuma dúvida e nem o medo atrapalharão o seu progresso. Você será um criador, um realizador, um verdadeiro ser.

Comecemos juntos...

Capítulo 1

O potencial ilimitado do pensamento

"O pensamento é uma força – uma manifestação de energia – com um poder de atração magnético."
— William Walker Atkinson (escritor)

A natureza engloba uma infinidade de forças invisíveis e poderosas, e suas manifestações determinam a nossa sobrevivência ou a nossa destruição de tempos em tempos. Essas forças intangíveis sempre governaram o Universo. Fazendo parte da natureza, você também contém em si uma força invisível, o poder do pensamento que habita em você. Essa força tem o poder de criar ou destruir a sua vida. Se compreender esse fato, você estará a caminho de uma vida mais plena.

O dicionário Oxford define o ato de pensar como "ter uma ideia ou uma opinião específica sobre alguma coisa ou alguém; ter ideias, palavras ou imagens na mente; formar uma ideia de algo;

imaginar algo; usar a mente para refletir sobre alguma coisa, resolver problemas etc.". Os pensamentos nascem em sua mente. Eles representam o seu modo de perceber o mundo, constituem a visão que tem de si mesmo e de suas circunstâncias, retratam seu estado emocional e suas formas de compreender e reagir às situações.

Você traça o seu destino

Talvez você já tenha se deparado com afirmações como "pensamentos se transformam em realidades", mas pode não ter percebido a profundidade subjacente a tais expressões. Os pensamentos governam sua realidade. Tudo o que você é hoje se deve aos pensamentos que povoaram sua mente no passado. São seus pensamentos que tomam decisões como "Eu posso!" ou "Eu não posso!". Você tem o mesmo potencial de qualquer outra pessoa, inclusive das pessoas que conseguiram o que você deseja. A única diferença é que elas, de um modo consciente ou inconsciente, aplicaram o poder do pensamento que está dentro delas.

O seu poder do pensamento age como um ímã que atrai coisas e situações correspondentes a você. Você atrai tudo o que pensa de modo predominante em sua mente. Sintonizando seus pensamentos com seu desejo, você o realiza. Você pode escolher o que quiser na sua vida, visualizando essa escolha em sua mente. Você pode realizar seus sonhos e alcançar seus objetivos pensando neles com dedicação. Isso acontece sem nenhuma dúvida ou exceção. É verdade que os pensamentos são ferramentas magnéticas, influentes e mais poderosas do que podemos imaginar.

Neste teatro de fantoches chamado vida, sua mente é o mestre de fantoches escondido atrás das cortinas, manipulando os cordões. Os cordões são seus pensamentos, e os fantoches são tudo o que o rodeia – as pessoas, as situações, os ambientes etc. Movimentando os cordões de diversas formas, o mestre controla os fantoches. A melhor parte é que o poder está sempre com ele, que pode escolher qual fantoche deve entrar no palco e qual deve sair. Essa analogia deixa claro que você é de verdade "o mestre do seu destino, o comandante da sua alma". Para mudar sua vida, comece mudando seus pensamentos, pois as pessoas e as condições que fazem parte dela são o resultado dos seus pensamentos. Você mesmo as criou, ninguém mais.

Por que você tem amigos com traços de caráter semelhantes aos seus? Por que você se apaixona por alguém praticamente igual a um dos seus amigos próximos ou a algum dos seus familiares? Por que você está sempre esbarrando no mesmo tipo de investidor fraudulento? Tudo isso é porque você os atrai para sua vida com o poder do pensamento. Você já se deparou com situações como receber uma boa notícia do nada, encontrar por acaso um novo cliente numa fila do caixa eletrônico ou receber uma ligação de um amigo que não lhe saía da cabeça na parte da manhã? Muitas vezes, damos a isso o nome de magia, acaso, coincidência, destino, *déjà-vu*, sorte, "era para ser" etc. Na realidade, porém, todos esses são exemplos do poder do pensamento em ação.

Durante o dia, você envia o tempo todo pensamentos de intensidades variadas para o Universo. Em qualquer ponto no tempo, refletindo sobre a vida que você vive, os pensamentos que mais o influenciam podem ser previstos. Dê uma olhada ao seu redor e saberá o que esteve ruminando em sua mente o tempo todo. Tudo o que ocorre em sua vida teve origem em sua mente na forma de pensamento porque você atraiu. A qualidade da sua vida é sempre diretamente proporcional à qualidade dos seus pensamentos. Sua vida é um reflexo dos seus pensamentos; então, escolha-os com cuidado e avalie seus prós e contras. Em seguida, deixe que se dirijam ao Universo para que, enfim, voltem a você na forma da sua realidade.

Seus pensamentos o estimulam a agir, e todas as suas ações provocam uma reação. Cada movimento seu gera uma consequência correspondente ao movimento feito. Esta é uma relação de causa e efeito que existe no Universo. Seus pensamentos nunca são inofensivos, mas talvez você não alcance o resultado desejado porque não os harmoniza de modo adequado com suas crenças, suas emoções e ações.

Em termos de magia, pode parecer que isso é uma espécie de poder sobre-humano. Não é nada disso, no entanto. Você não precisa ser um super-herói ou um mestre ocultista para viver uma vida de boa qualidade. Você só precisa ter pensamentos específicos que possam dar frutos na vida real. Para alguns, pode parecer difícil entender que atraímos tudo em nossa vida. É óbvio, você não é um mágico que pode apenas levantar a cortina e de repente revelar à sua frente uma linda garota! Contudo, meu caro amigo, se eu lhe disser que, de fato, você é o mágico da sua vida, você irá acreditar? Assim como um mágico recorre a ilusões de óptica, você usa a energia do pensamento para viver a vida que tem hoje.

Como toda lei universal, o poder do pensamento é imparcial. O tempo todo, ele traz para cada um de nós exatamente o que criamos em nossa mente. Para o poder do pensamento, você é igual a todos; ele não verifica se você é rico ou pobre, bom ou mau, jovem ou velho, bem-educado ou não. Seu endereço residencial e seus sentimentos religiosos não importam. Quer você acredite nele ou não, quer o compreenda ou não, não interessa. O poder do pensamento é imparcial em relação a quem você é, mas dirige a sua vida a cada passo do caminho. Ele sempre o influenciará, queira você ou não. Ele sempre faz isso e continuará fazendo de modo indefinido.

Para todos os que se debatem com a vida, espero que seja um alívio saber que, se quiser realizar seus sonhos e seus objetivos, a mudança precisa vir de dentro, e o controle não está nas mãos de terceiros. Não são as coisas que o controlam; é você que controla as coisas. Com suas intenções cristalinas, você pode atrair tudo o que deseja.

Como disse Benjamin Franklin, "dormir cedo e acordar cedo faz um homem ser saudável, rico e sábio"; do mesmo modo, o uso consciente do poder do pensamento também o fará ser saudável, rico, sábio e muito feliz! Perceba e valorize o fato de que sua capacidade de pensar é sua capacidade de mudar a sua vida.

Mas por que os pensamentos são tão poderosos? Como eles determinam seu presente e seu futuro? Seus pensamentos constantes – aqueles que ocupam sua mente a maior parte do tempo – tornam-se o centro da criação, e a energia do Universo ao seu redor se organiza para transformá-los em realidade. A explicação científica desse fato pode ser vista no Capítulo 2.

Atitude mental positiva: Caminho para a felicidade

"Os pensamentos dominantes que abrigamos em
nossa mente magnetizam nosso cérebro, e, por meios
completamente desconhecidos, esses 'ímãs' atraem
para nós as forças, as pessoas e as circunstâncias da vida
que se harmonizam com a natureza desses pensamentos dominantes."
— Napoleon Hill (escritor)

Todos os grandes homens da história tiveram sucesso por causa de uma atitude otimista. Uma ideia concebida na mente se transformava em realidade porque eles acreditavam que podiam concretizá-la. Cientistas como Albert Einstein, Thomas Alva Edison e Homi Jehangir Bhabha puderam mudar o mundo com suas extraordinárias invenções porque perseguiam seus sonhos. Mahatma Gandhi, Nelson Mandela e Martin Luther King Junior revolucionaram o mundo ao seu redor porque acreditavam no poder da justiça. Personalidades ilustres como Rabindranath Tagore, Lata Mangeshkar, Sachin Tendulkar, Serena Williams, entre outras, tiveram condições de espalhar a glória de suas habilidades pelo mundo inteiro porque acreditavam em si mesmas. Se essas pessoas puderam contribuir de maneira tão eloquente para o mundo todo, você não pode dar alguma contribuição para a vida com o que foi agraciado?

Se você tem uma ideia, fé e vontade de vencer, pode ser o comandante dessa força intangível que existe em seu interior. Como Charles F. Haanel disse de modo bem apropriado em seu livro *The Mastery Key System* (A Chave Mestra), "[...] isso é verdadeiro porque devemos 'ser' antes de poder 'fazer', e só podemos 'fazer' na medida em que 'somos', e o que 'somos' depende do que 'pensamos'".

Você já se deparou com pensamentos como, por exemplo, "Ela tem sorte de ter um marido rico!", ou "Ele tem sorte de ser o favorito do chefe porque pode ser promovido com facilidade!", ou "Meu amigo tem a sorte de sempre ficar em primeiro lugar sem estudar muito!"? Essa lista poderia estender-se de modo quase indefinido, conforme o caso de cada um! Na realidade, as pessoas de sorte que fazem parte da sua vida não têm de fato tanta sorte assim. As coisas lhes chegam com facilidade porque, de maneira consciente ou inconsciente, seus pensamentos estão em sintonia com o que almejam na vida. São pessoas que pensam e agem de maneira positiva para alcançar seus objetivos. Elas não acreditam na negatividade nem falam sobre isso com quem convivem; por consequência, a negatividade não afeta a vida delas. Os pensamentos dessas pessoas estão voltados para o que almejam na vida; então, elas trabalham na direção desses objetivos.

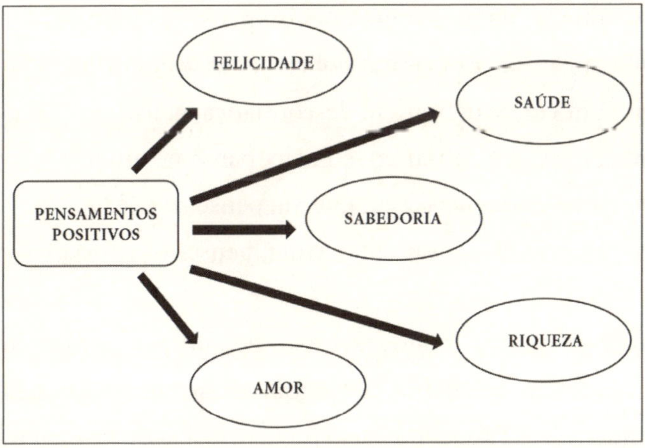

Figura 1: Pensamentos positivos maximizam os aspectos bons da vida.

Um bom pensamento atrai mais pensamentos bons para sua mente. Quando sua atitude otimista atrai seus objetivos, sua motivação e sua felicidade aumentam. Essas emoções alimentam ainda mais sua mente com pensamentos positivos. Assim, um ciclo incessante de positividade começa a se formar em sua vida. Pensamentos sobre riqueza atrairão riqueza. Pensamentos sobre falência atrairão falência. Se você quer ficar rico, pensamentos em torno de dinheiro, abundância, riqueza e luxo devem fervilhar em sua mente. Como reza o ditado popular, "no mundo do pensamento, pássaros de mesma plumagem voam juntos".

Mas você precisa ter clareza sobre o que seu coração deseja de verdade. É amor, dinheiro ou promoção? Ou boa saúde, paz de espírito, ser aprovado num exame ou cuidar da família? O que é? Pergunte a si mesmo. Depois de conhecer de fato seu desejo, pense em realizá-lo com afinco. Pense em como ele o fará feliz. Pense em como sua vida será diferente depois de realizá-lo. Veja algumas sugestões:

- Em vez de pensar em doença, pense em saúde.
- Em vez de pensar em pobreza, pense em riqueza.
- Em vez de pensar em desconfiança, pense em confiança.
- Em vez de pensar em solidão, pense no amor.
- Em vez de pensar em guerra, pense na paz.
- Em vez de pensar em derrota, pense em vitória.

Você encontrará muitos exemplos do poder do pensamento em sua vida. Minha amiga Mira é uma grande testemunha disso. Ela sabe o que quer. Ela foi aceita no curso de sua escolha e teve um excelente desempenho. Então, conseguiu um emprego com alto salário numa empresa renomada. Depois que terminou a faculdade, seu objetivo era fazer doutorado no exterior. Com uma atitude otimista e esforços nesse sentido, acabou recebendo um telefonema de uma universidade estrangeira disposta a admiti-la como aluna de doutorado com bolsa integral. Hoje, Mira está por lá, realizando seus sonhos.

Mas você deve estar se perguntando se é tão fácil assim praticar o pensamento otimista. Bem, é necessário algum tempo para treinar seu cérebro e ensiná-lo a analisar os aspectos problemáticos e a negatividade. No entanto, com algum esforço de sua parte, você pode reprogramar o cérebro para ter uma atitude positiva. Um plano específico para alterar seus padrões de pensamento será apresentado nos próximos capítulos. Para começar, porém, pense desde já em termos positivos. Assim, você se sentirá animado, alegre, radiante e corajoso para continuar em busca dos seus sonhos.

Algumas pesquisas

- Estudo sobre a positividade em freiras: em 2001, pesquisadores da Universidade de Kentucky examinaram autobiografias de 180 freiras católicas escritas em 1930. As freiras sobreviventes foram entrevistadas, e os textos foram avaliados e pontuados com base no conteúdo emocional. Depois de diversas análises estatísticas, a conclusão foi que as freiras que apresentaram uma atitude positiva em suas autobiografias escritas no início da idade adulta foram as que tiveram maior longevidade seis décadas depois.

- Satisfação com a vida e positividade: em um estudo sobre a população coreana publicado no *Yonsei Medical Journal* em 2007, os participantes forneceram informações sobre seu pensamento positivo, sobre a demografia e a satisfação com a vida. Estabeleceu-se uma relação diretamente proporcional entre pensamento positivo e satisfação com a vida.
- O estudo empírico dos dados revelou que o pensamento positivo aumentou o nível de satisfação que os participantes tinham com a vida, independentemente de suas disparidades demográficas. Assim, concluiu-se que a demografia por si só não determina o nível de satisfação com a vida; uma atitude positiva também desempenha um papel importante.

Atitude mental negativa: Caminho para a infelicidade

> "Bons pensamentos produzem bons frutos; maus pensamentos produzem maus frutos - e o homem é o seu próprio jardineiro."
> — James Allen (escritor)

Você já se perguntou por que as coisas dão certo para os otimistas, ao passo que os pessimistas sempre acham que o azar e a má sorte contaminam tudo o que fazem? Do mesmo modo que a energia nuclear pode ser usada tanto para o desenvolvimento como para a destruição, também a energia do seu pensamento pode produzir os mesmos efeitos. A cada momento, a vida lhe oferece uma escolha: brilhar ou apagar-se.

Segundo algumas pesquisas, até 95% do que pensamos é repetição dos pensamentos do dia anterior. Desses 95%, 70% são pensamentos negativos! Assim, a mente tende a visualizar com muita facilidade, de modo inconsciente, condições negativas de discórdia, ressentimento, desânimo etc., porque são esses os pensamentos predominantes em sua mente em qualquer momento, até que você os substitua.

Dia após dia, você se enreda nessa tagarelice interna negativa sem nem mesmo perceber como ela o prejudica no âmbito mental e físico. A essa tendência dá-se, às vezes, o nome de dominância negativa. É possível demonstrá-la por meio de um exercício em que a pessoa registra sua tagarelice mental durante um determinado tempo. Você mesmo pode fazer isso. Você se espantará com a dominância negativa dos seus pensamentos.

Um único pensamento negativo sobre uma experiência ou uma pessoa pode desencadear uma série de emoções negativas dentro de você. Essas emoções amplificam sua amargura, levando sua mente a atolar-se num lamaçal de outras situações de pensamentos desagradáveis. E, à medida que continua alimentando tais situações, você submerge cada vez mais nesse ciclo de negatividade.

Na maioria das vezes, você passa o tempo reclamando das mesmas situações, como "Meu chefe é lunático!", "Ah... Vou perder o ônibus de novo!", "Nunca tenho tempo suficiente!", "Por que fulana fica falando comigo desse jeito?", "Por que o pessoal me deixa de lado?", "Meus filhos acabam comigo!", "Nunca consigo economizar um centavo!", "A comida está cara!" etc. Bem, essa lista é quase sempre interminável. Se os seus pensamentos e suas emoções são pessimistas, você atrai níveis semelhantes de negatividade para sua vida na forma de pessoas, situações ou fatos. Quando você acorda de manhã resmungando com uma coisa ou outra, pode observar que mais circunstâncias semelhantes interferem na sua vida ao longo do dia.

Seus pensamentos e suas ações têm uma assinatura energética. Você atrairá para a sua realidade tudo o que existe no Universo que esteja em sintonia com a frequência energética dos seus pensamentos. Talvez você diga: "Eu não atraí essa falência para a minha vida!". Embora lhe desagrade ouvir, preciso dizer: "Sim, você atraiu!". Num nível mais profundo da sua consciência, você atrai todas as coisas que recebe em sua vida, inclusive um cônjuge agressivo, um chefe irritante ou uma dívida enorme.

Analisemos essa questão um pouco mais a fundo com um exemplo. Sempre que você está com pressa para pegar o metrô para o trabalho, você esquece algum documento ou então as chaves do apartamento. E já a caminho, não aparece nenhum táxi para levá-lo à estação. Então, você suspira: "Meu Deus! Por que isso sempre acontece quando me atraso?". Bem, a sua grande ansiedade e a pressa para lidar com a falta de tempo criaram o que predominava em sua mente naquele momento. E sabe o que foi? O medo de chegar atrasado. Então, sua mente, que é incapaz de distinguir entre "fazer" e "não fazer", apenas agiu para atrasá-lo.

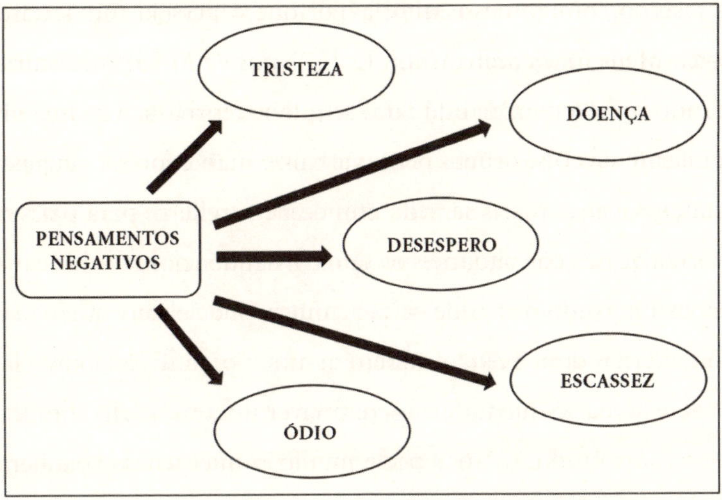

Figura 2: Pensamentos negativos maximizam aspectos ruins da vida.

Pensamentos de desespero, ansiedade, medo, mal-estar, tristeza, mágoa e escassez trarão mais emoções e sentimentos dessa natureza para a sua vida. Muitas vezes, as pessoas falam e pensam em situações que não desejam, o que com certeza se deve ao medo, a uma atitude de lamentação ou a uma mentalidade de vítima. Infelizmente, alimentando pensamentos sombrios e deprimentes a respeito do futuro e falando sobre eles, você atrai para sua vida todas aquelas situações que jamais deveriam ocorrer. Essa condição não só arruína seu futuro como também reduz seu presente a um estado miserável.

Se você ficar remoendo coisas como "não mereço", "não vou me qualificar para o jogo/exame", "vou ficar sempre sozinho(a)", "alguém sempre me trai", "não tenho dinheiro suficiente", e assim por diante, então, acredite, todas essas situações de prostração continuarão voltando para você de modo incessante. Quem melhor representou esse cenário em palavras foi T. Harv Eker em seu livro *Secrets of the Millionaire Mind* (*Os Segredos da Mente Milionária*), quando escreveu: "Quando você se queixa, torna-se um ímã vivo e pulsante de coisas ruins". Não verbalize, não expresse seus pensamentos negativos. Sua vida começará a refletir suas palavras. Suas conversas consigo mesmo têm consequências.

Este é o momento de se perguntar: "Eu de fato quero viver uma vida de desespero, ou quero assumir o controle sobre ela?". Penso e acredito que todos querem viver uma vida feliz. Em todo este vasto mundo, só você pode mudar o que pensa e banhar-se nos oceanos de felicidade que estão à sua disposição.

Minha ex-colega Diana era ótima em manifestar as mais diversas situações em sua vida, quase sempre nada além de grandes aflições. Na semana em que começou a trabalhar no escritório, não ficou satisfeita com o projeto que lhe foi designado. Mesmo sendo merecedora, não foi promovida, ao contrário das colegas. Ela nunca se deu bem com o chefe. Em casa, sua relação com o marido era conturbada.

Os sentimentos de desespero em sua mente se refletiam em suas conversas e prejudicavam seu trabalho. Desde o dia em que nos conhecemos, ela só se queixava da carreira e dos relacionamentos. Mesmo antes de começar a trabalhar no escritório, ela temia não se dar bem com os colegas. Quando pensava em se casar, tinha medo de não encontrar o amor verdadeiro. Ela criava em sua vida tudo o que não queria. Seus pensamentos autossabotadores sempre comprometiam sua felicidade. Assim, é importante você se lembrar de que, ao falar das situações indesejáveis da sua vida, você de fato as atrai para si. Por isso, pare um pouco e reflita! Use o cérebro para decidir o que pensar e, então, prossiga.

Seus pensamentos moldam seu caráter, seu comportamento e sua saúde. A dra. Caroline Leaf, neurocientista, revelou um fato chocante em seu livro *Who Switched Off My Brain* (*Quem Desligou Meu Cérebro*). Ela escreveu: "Pesquisas mostram que cerca de 87% das doenças podem ser atribuídas à nossa vida mental e cerca de 13% à dieta, à genética e ao meio ambiente. Estudos relacionam, de modo conclusivo, mais doenças crônicas (também conhecidas como doenças do estilo de vida) a uma epidemia de emoções tóxicas em nossa cultura. Essas emoções tóxicas podem causar enxaquecas, hipertensão, derrames, câncer, problemas de pele, diabetes, infecções e alergias, só para citar algumas doenças". Assim, é evidente que pensamentos negativos não apenas são deletérios para o seu sucesso como também afetam seu corpo. As substâncias químicas liberadas pelas emoções negativas alteram o ambiente do corpo de alguma maneira insalubre, levando-o à doença.

Hoje você se debate em meio a um emaranhado de pensamentos negativos porque, até agora, deixou-os livres. Mas você pode mudar o padrão dos seus pensamentos por um ato de vontade. Você pode criar e mudar o que quiser com a força da vontade agindo sobre os pensamentos. Ninguém pode fazer isso por você. A boa notícia é que, com consciência e um pouco de prática, você consegue alterar seu padrão de pensamento.

Os autores Esther Hicks e Jerry Hicks descrevem o papel dessa força de vontade em seu livro *Ask and It Is Given* (*Peça e Será*

Atendido). Segundo eles, "Não existe situação tão grave que você não possa reverter escolhendo pensamentos diferentes. No entanto, a escolha de pensamentos diferentes requer concentração e prática. Se você continuar a se concentrar como tem feito até agora, se continuar a pensar como antes e a acreditar como sempre acreditou, nada em sua experiência irá mudar".

O excesso de informações sobre a importância do pensamento positivo pode ser angustiante para alguns. Talvez algumas perguntas inundem sua mente neste momento, como, por exemplo, "Como mudar meu modo de pensar?", "Por onde começar?", "Como fortalecer minha vontade de falar de maneira positiva?" etc. Não se preocupe. Um pensamento positivo é muito mais poderoso que um negativo, e você não deve se apavorar com o conhecimento que adquiriu sobre o poder do pensamento. Nas próximas seções, você encontrará métodos que o ajudarão a mudar seus padrões de pensamento, a alimentar seu subconsciente com pensamentos desejados e a atrair resultados almejados seguindo a fórmula de sucesso de três etapas descrita no Capítulo 4.

Um pensador proativo

"Acredito que todos escolhem sua atitude diante da vida.
Se você é proativo, concentra-se na preparação.
Se é reativo, acaba concentrando-se na reparação."
— John C. Maxwell (escritor)

Ser proativo significa estar no controle das situações em vez de apenas reagir ao que acontece ao seu redor. Esse conceito se aplica também à criação proativa por meio do pensamento proativo. Ser um pensador proativo é a essência deste livro e também o tema em torno do qual todo ele gira. Ser proativo em assumir o controle da sua realidade depende de você envolver e comprometer o poder do pensamento de modo proativo. Assuma o comando da sua vida e transforme seus desejos em realidade em vez de reagir à sua realidade. Esse é o primeiro passo para o uso do poder do pensamento. Você precisa estabelecer uma conexão consciente com seus pensamentos e suas emoções para criar sua vida com determinação.

Tudo o que você observa em sua vida diária – dinheiro, casa, amor etc. – gera pensamentos e sentimentos sobre esses aspectos, de acordo com sua visão da realidade. Por exemplo, ao perceber água pingando do teto da sua casa, você pode pensar na falta de dinheiro ou no atraso do conserto. Esse fato altera seu humor e pode movê-lo a atrair ou criar outras situações indesejadas. Pensando de maneira proativa, você consegue lidar com esses desmancha-prazeres do seu dia. Pensando de modo intencional e deliberado, você pode ponderar e sentir conforme seus desejos, e não de acordo com as disposições do seu estado momentâneo, caso sejam contraditórias. Ignore o indesejado e pense de um modo firme no que você deseja. Lembre-se, os resultados desejados serão proporcionais ao seu pensamento proativo.

Hoje, você é produto dos seus padrões de pensamento passados; amanhã, você será resultado dos seus padrões de pensamento de hoje. Por isso, cada segundo do seu dia, quando estiver pensando, pense de modo intencional e proativo. Seus pensamentos concentrados devem ser como uma luz polarizada... toda a energia do seu pensamento deve ser coerente num todo. Quando isso acontecer, sua vida se tornará brilhante.

Pensamento proativo é pensamento consciente, quando então você assume o controle dos seus hábitos de pensamento. Os quatro passos para se tornar um pensador proativo são:

1. **Conhecer o poder do pensamento.** Para usar uma ferramenta com eficiência, você deve conhecê-la. É isso que abordamos no Capítulo 1.

2. **Desenvolver a fé no poder do pensamento, compreendendo sua história e sua ciência.** Essa compreensão o prepara de um modo melhor, afastando-o do ceticismo. Tratamos disso no Capítulo 2.

3. **Desenvolver um sistema de crenças livre.** Neste ponto, tentamos mudar os pensamentos subjacentes enterrados no subconsciente. Removendo velhos padrões de pensamento, você abre espaço para padrões novos e melhores. Você terá uma compreensão mais profunda desse aspecto no Capítulo 3.

4. **Melhor utilização possível do poder do pensamento; tornando-se um pensador proativo.** Nos Capítulos 4, 5, 6 e 7, você aprenderá a fazer esforços conscientes para mudar sua realidade aplicando a fórmula de sucesso de três etapas.

Seus pensamentos lhe apresentam a sua realidade de duas maneiras diferentes. Às vezes, você atrai a mudança que almeja alterando crenças subconscientes, redes neurológicas do cérebro, hábitos, comportamentos, padrões e ações. Outras vezes, você precisa provocar uma marola, uma ondulação na energia do universo ao seu redor. Tudo depende do que você deseja. Os próximos capítulos irão prepará-lo tanto para transformar suas crenças quanto para manifestar a partir dessa energia do Universo.

Capítulo 2

A indagação da verdade

"O que sabemos é uma gota;
o que ignoramos é um oceano."
— Sir Isaac Newton (físico)

Todos os que tentaram mudar o curso do conhecimento sempre foram ridicularizados e rejeitados no início. Entre inúmeros exemplos, temos Cristóvão Colombo, Nicolau Copérnico, Galileu Galilei. Em nossa vida pacata, quando algum fato incomum, espantoso e incrível acontece, em geral lhe damos pouca atenção, considerando-o sobrenatural, místico ou proibido. No entanto, para que você não julgue os fatos apresentados neste livro como ideias fantasiosas, este capítulo se impõe como etapa obrigatória do nosso processo de aprendizagem.

Até alguns anos atrás, eu mesma não estava muito disposta a aceitar o conceito de poder do pensamento. Afinal, ele invertia e transtornava todo o meu sistema de crenças. Eu não conseguia acreditar que as coisas estavam totalmente sob meu controle e continuei cética até investigar inúmeros fatos históricos e científicos subjacentes ao poder do pensamento. Por isso, levando em consideração as diferentes categorias de leitores, resolvi não abordar de modo direto e imediato o processo de aplicação do poder do pensamento. Para prosseguir nessa direção, dedico este capítulo à história e à ciência que sustentam esse poder.

No Capítulo 1, descrevi as capacidades extraordinárias que temos como seres humanos. Acontece, porém, que as pessoas, de modo geral, gostam de analisar e compreender tudo antes de acreditar. Preferimos aguardar a publicação de explicações científicas, provas e experimentos que demonstrem a existência do poder do pensamento. Se você é uma dessas pessoas, é compreensível que discorde do conceito de poder do pensamento. Afinal, se o poder do pensamento governa o mundo dos seres humanos, por que tantas pessoas desconhecem essa realidade? Além disso, se constitui parte tão importante da nossa vida, por que não é ensinado nas escolas? E, assim, as dúvidas se multiplicam de modo indefinido. No entanto, ao se aprofundar neste capítulo, você encontrará respostas para suas dúvidas relativas à eficácia do poder do pensamento.

Para os leitores que já entendem e aceitam esse conceito, esta seção fortalecerá ainda mais sua crença e intensificará o uso desejado do seu poder do pensamento. Por experiência própria, toda a minha indolência na aplicação do poder do pensamento desapareceu quando percebi que ele não é apenas uma onda positiva passageira que surge de vez em quando, liderada por algum guru motivacional. Para todas as pessoas que desconhecem por completo o conceito até agora ou que duvidam do seu valor, esta seção tem o imenso potencial de esclarecer seus questionamentos. Você descobrirá que o poder do pensamento sempre esteve à sua disposição, só que você não estava ciente disso.

Por que a crença é importante? Porque, enquanto não acreditar, você não terá fé. E, se você decidir não ter fé nesse conceito, será inútil, para você, ler este livro. Conheci algumas pessoas que se recusaram a aceitar que o poder do pensamento rege a nossa vida. Então, se persistirem nessa negação, serão capazes de aplicar esse poder de maneira proativa? É evidente que não! A beleza da eficácia do poder do pensamento está no simples fato de que, enquanto não acreditar nele com todo o seu coração e a sua mente, você não poderá usá-lo de modo intencional.

Sua vida não é um bloco de concreto ou uma rocha inabalável; ela é um rio de energia em fluxo livre e contínuo, que possibilita alterar seu curso com a aplicação da técnica correta. Isso é o que você descobrirá nas próximas seções. Conhecer a história e a ciência subjacentes ao poder do pensamento o levará a despertar para um mundo interior de maior abundância.

Vamos investigar a verdade.

Passo 1: Quatro estágios do modelo de competência da aprendizagem

Para começar, cito o famoso astrônomo do século XX, Carl Sagan: "Em algum lugar, algo incrível está esperando para ser descoberto".

O que é desconhecido só pode ser descoberto por um explorador de mente aberta. O modelo de competência da aprendizagem é um bom começo para identificar o que sabemos e o que não sabemos. Esse modelo consiste nos quatro seguintes pilares:

* **Incompetência inconsciente**
  Você ignora a existência ou a relevância de uma nova capacidade, de um conceito, um comportamento etc. Por exemplo, os nativos da ilha Sentinela, localizada no arquipélago de Andamã, na Baía de Bengala, na Índia, não conhecem um veículo chamado carro.

* **Incompetência consciente**
  Você reconhece a existência ou a relevância do conceito "carro", mas não tem condições de aplicá-lo de maneira apropriada. Por exemplo, quando um sentinelense vai para uma cidade, ele passa a reconhecer o veículo em movimento nas estradas chamado carro, mas não tem competência para usá-lo.

* **Competência consciente**
  Você sabe da existência ou da relevância do conceito "carro" e pode aplicá-lo com esforços conscientes e concentração. Por exemplo, sendo orientado, um sentinelense aprende a usar e controlar o carro com esforços conscientes.

* **Competência inconsciente**
  Você sabe da existência e da relevância do conceito "carro" e pode aplicá-lo sem nenhum esforço consciente, como se fosse uma segunda natureza. Por exemplo, depois de muitos meses, com prática diária, dirigir um carro torna-se um ato tão inconsciente para o sentinelense quanto a pesca, durante o qual ele pode conversar com o amigo enquanto o realiza.

Introduzo esse aspecto para mostrar a realidade do ponto em que nos encontramos hoje em termos de conhecimento sobre a mente humana e o Universo. Todas as estrelas, as galáxias, os planetas e o espaço conhecidos pelos cientistas compreendem apenas 4,9% da realidade existente! Você percebe a exorbitante incompetência inconsciente neste detalhe? Depois de mais de 200 mil anos de *Homo sapiens* no planeta Terra, conhecemos apenas 4,9% deste universo! Então, não se vanglorie de saber tudo e não diga que a ciência descobriu tudo. Não há beco sem saída para o conhecimento que podemos explorar a partir deste universo observável que tem um diâmetro de 93 bilhões de anos-luz ou 879 seguido de 21 zeros em quilômetros!

Se compararmos tudo o que aprendemos até agora com tudo o que temos no presente, uma analogia justificável para representar essa diferença seria comparar a altura de um minúsculo ponto com a de um ser humano de 1,80 metro de altura. A cada geração de cientistas, quando começamos a acreditar que esse é o fim de tudo o que podemos conhecer, a natureza nos surpreende com algumas formas mais ricas de expressão, deixando-nos num estado de assombro absoluto.

Em relação ao poder do pensamento, se você está na área da incompetência, remova as cortinas para poder avançar na direção da competência consciente e, a partir daí, tornar-se competente de modo inconsciente. A ampliação dos horizontes do seu conhecimento irá ajudá-lo a construir a vida que almeja.

Passo 2: Categorias de aprendizes

Podemos concluir da reflexão acima que, até agora, muitos leitores estavam na área da incompetência inconsciente em relação ao poder do pensamento. Mas o fato é que essa força sempre esteve presente, mesmo que você desconhecesse sua existência. No entanto, à medida que você começar a entrar na região da incompetência consciente, tentaremos identificar em que categoria de pessoa você se inclui quando se trata de conhecer e aplicar novas ideias, teorias, técnicas etc. Há basicamente quatro diferentes categorias de pessoas neste sentido, descritas a seguir (esta diferenciação baseia-se em um *blog* publicado pela Mindvalley Academy).

- **Não crédulos**
  Este grupo é incapaz de aceitar qualquer teoria ou fenômeno que não possa ser explicado pela física newtoniana. Qualquer evidência científica que desconsidere a física newtoniana é inaceitável para os componentes desta classe.

- **Céticos**

  Este grupo tem um grande apreço pelos fatos científicos. Seus integrantes aceitam apenas os fatos acompanhados de evidências científicas. Não gostam de explorar conceitos que não possam ser comprovados por equações.

- **Crédulos cautelosos**

  Este grupo tem a mente aberta. Seus integrantes estão predispostos a acreditar em alguns conceitos e usufruir dos benefícios de um fato depois de examinar as provas. Aceitam novos conhecimentos e fatos baseados em evidências científicas, testemunhos, fontes ou referências confiáveis, sem ser muito conservadores.

- **Crédulos verdadeiros**

  Este grupo acredita em todo tipo de conhecimento novo que lhe é apresentado sem precisar de nenhuma prova. Seus integrantes se convencem com facilidade; sua atitude de fé cega é, em geral, de pouca valia, e, por isso, às vezes, eles pagam um preço bastante elevado.

Neste ponto, você precisa examinar a si mesmo e verificar a qual dessas categorias você pertence quando se trata de entender e aplicar o poder do pensamento para o seu benefício. É importante compreender sua posição e atitude se quiser mergulhar fundo no oceano do imenso poder que está dentro de você. Além disso, afastando-se do modo de pensar da velha escola, você contará com uma nova perspectiva, da qual poderá olhar para si mesmo e para a sua vida. Enquanto não acreditar na importância e na presença do poder do pensamento em seu mundo, nenhum livro, áudio ou professor poderá transformar a sua vida. Sem a sua plena participação, não consigo lhe mostrar o modo de viver a vida que você almeja. Só quando você se abre para as possibilidades disponíveis é que milagres começam a acontecer. Por enquanto, deixe de lado todo o ceticismo e apenas se deixe levar pela jornada deste livro. Valorize o poder oculto que você acaba de conhecer e planeje como se beneficiar dele das mais diversas maneiras positivas.

História do poder do pensamento

> "A verdade é que o Universo vem lhe respondendo
> durante toda a sua vida, mas você só ouvirá
> as respostas se estiver atento e receptivo."
> — Rhonda Byrne (escritora)

Foram poucos os grandes homens do passado que compreenderam a capacidade dos seus pensamentos, e essa compreensão resultou na sua grandeza ou no sucesso em influenciar o mundo. Hoje, graças aos esforços generosos de grandes mestres e praticantes do poder do pensamento, temos a oportunidade de entender e aplicar este conceito em nossa vida.

Desvendar a história de uma verdade universal é tarefa complexa. Estejamos conscientes ou não, essa história pode ter se preservado desde a criação do Universo. Não obstante, tenho feito um grande esforço para poder apresentar os aspectos mais relevantes do poder do pensamento.

Todas as religiões se referem à existência do poder do pensamento. Elas podem não ter empregado diretamente a expressão "poder do pensamento", mas as referências à mente, à fé, à alma e ao karma nos textos antigos deixam claro que os nossos ancestrais mais evoluídos queriam que essa verdade fosse transmitida às gerações futuras. Na escritura hindu *Bhagavad Gita*, o compilador Veda Viasa relata as conversas sobre *karma*, fé e alma eterna que Krishna manteve com o príncipe Arjuna, um dos cinco irmãos Pandavas. Os ensinamentos do *Bhagavad Gita* revelam que somos responsáveis por nossas ações, que o homem é formado pela fé que cultiva e que a alma não pode ser criada nem destruída.

Na escritura budista *Dhammapada*, Gautama Buda transmitiu aos seus discípulos ensinamentos muito claros sobre o poder do pensamento quando disse: 1. "Todas as coisas são precedidas pela mente, guiadas pela mente e criadas pela mente. 2. Tudo o que somos hoje é resultado do que temos pensado. O que pensamos hoje é o que seremos amanhã; nossa vida é criação da nossa mente. Se um homem fala ou age com mente impura, o sofrimento o acompanha tão de perto como a roda segue a pata do boi que puxa o carro. Tudo o que somos hoje é resultado do que temos pensado. Se um homem fala ou age com mente pura, a felicidade o acompanha como sua sombra inseparável" (*Dhammapada/Atthaka*. São Paulo: Pensamento, 2ª ed., 2020, p. 19. Tradução do dr. Georges da Silva).

Também na Bíblia cristã, de modo especial nos ensinamentos de Jesus, encontramos referências ao poder do pensamento. Por exemplo: "Por isso vos digo: tudo quanto suplicardes e pedirdes, crede que recebestes, e assim será para vós" (Mc 11,24).

As palavras de São Paulo aos gálatas – "Não vos iludais, de Deus não se zomba. O que o homem semear, isso colherá" (Gl 6,7) – também ressaltam a importância do karma. Todas as situações internas e externas que lhe dizem respeito são resultados das sementes que você plantou em sua mente. Tudo o que você pensa e faz, mais cedo ou mais tarde, recebe de volta. Cada segundo da sua vida transcorre em resposta aos seus pensamentos, numa estreita relação entre "oferecer" e "receber". Tudo o que você der à energia do Universo, terá de volta em algum momento do tempo. Esse é o ciclo do karma.

A *Hermética*, os escritos da sabedoria greco-egípcia datados dos séculos II e III d.C., relaciona sete princípios espirituais que regem o Universo. Esses sete princípios herméticos para o autodomínio ensinados por Hermes Trismegisto incluem o Princípio da Vibração (nada é estático, tudo no Universo se encontra em estado de vibração constante), o Princípio do Mentalismo (tudo é mente), o Princípio de Causa-Efeito (tudo o que acontece tem uma causa, que pode ou não ser percebida). Esses princípios compõem a compreensão moderna do poder do pensamento. A física quântica já provou que muitos desses princípios herméticos são verdadeiros.

Por volta de 391 a.C., Platão afirmou em seu mais longo diálogo, *As Leis*: "Nós nos tornamos aquilo que corresponde à tendência dos nossos desejos e à natureza da nossa alma". Também em seu diálogo socrático *A República*, ele afirma que semelhante sempre atrai semelhante.

Com o passar do tempo, porém, um importante sistema dúplice estruturou-se na sociedade – religião e ciência. E a ideia de que "em cada ser humano existe uma centelha divina" não cabia em nenhum sistema. Além disso, como foi mencionado, o próprio potencial extraordinário do poder do pensamento o transformou num conceito assustador, praticamente impedindo sua popularização, e as seitas que acreditavam na interconexão mente-matéria tiveram de recuar. Todos esses fatores produziram uma extensa lacuna na transmissão do conhecimento sobre o poder do pensamento para gerações sucessivas, preservando-o apenas entre alguns poucos grupos – de alquimistas, místicos, xamãs, yogues e outros.

Do período renascentista à era industrial, muitos filósofos, médicos, historiadores e escritores começaram a reavivar esse antigo segredo. Marsilio Ficino, Conde Mirandola, Heinrich Cornelius Agrippa, Giordano Bruno, Philippus Hohenheim, Emanuel Swedenborg, Franz Anton Mesmer e Alphonse-Louis Constant são apenas alguns nomes que contribuíram de modo significativo para esse movimento.

O século XIX testemunhou uma expansão maior do conceito de poder do pensamento graças às obras de Phineas Parkhurst Quimby. Embora Quimby nunca tenha usado o termo diretamente, acredita-se que ele seja o fundador do movimento Novo Pensamento. Ele introduziu o conceito de Cura Mental. Em suas palavras, "O fato é que não há nada em nós além da crença. Esse é todo o capital e o estoque no comércio do homem. É tudo o que pode ser mudado e abrange a totalidade do que o homem fez ou fará".

Em 1877, Helena Blavatsky, cofundadora da Sociedade Teosófica, usou a expressão específica "Lei da Atração" pela primeira vez em seu livro *Ísis sem Véu – Uma Chave-Mestra para os Mistérios da Ciência e da Teologia Antigas e Modernas*, Vol. III. São Paulo: Pensamento, 1991.

Dos finais do século XIX em diante, o conceito continuou ganhando popularidade na forma do movimento Novo Pensamento, que se exprimia em termos do poder do pensamento positivo. Essa ideia se disseminou com as obras de autores como Prentice Mulford (*Thoughts are Things* [Pensamentos São Coisas]), Ralph Waldo Trine (*Character-Building Thought-Power* [O Poder do Pensamento na Construção do Caráter]), James Allen (*As a Man Thinketh* [O Homem é Aquilo que Ele Pensa. São Paulo: Pensamento, 2ª ed., 2016]), Thomas Toward (*The Edinburgh Lectures on Mental Science* [Palestras de Edimburgo sobre Ciência Mental]), Wallace D. Wattles (*The Science of Getting Rich* [A Ciência de Ficar Rico]), William Walker Atkinson (*Thought Vibration* [Vibração do Pensamento]), Bruce MacLelland (*Prosperity Through Thought Force* [Prosperidade por Meio da Força do Pensamento]), Charles F. Haanel (*The Master-Key System* [A Chave-Mestra]) e Ernest Holmes (*The Science of Mind* [A Ciência da Mente]) etc. Em 1937, Napoleon Hill escreveu o primeiro *best-seller* sobre o assunto, *Think and Grow Rich* (Pense e Enriqueça) – esse livro continua sendo até hoje uma das contribuições de maior sucesso da literatura sobre o poder do pensamento.

Os séculos XX e XXI testemunharam muitos grandes escritores e pesquisadores que contribuíram para o conceito do poder do pensamento em termos espirituais e científicos. Seus esforços propagaram a conscientização entre um público muito mais amplo. A maior divulgação do conceito deve-se à atuação de Rhonda Byrne, que produziu o documentário *O Segredo* em 2006 e, mais tarde, escreveu um livro com o mesmo título.

Uma leitura que sugerimos para um estudo aprofundado da origem do conceito do poder do pensamento, das interações mente-matéria e da consciência é a obra *Real Magic* (Verdadeira Magia), do dr. Dean Radin, cientista-chefe do Instituto de Ciências Noéticas. Radin expõe de maneira muito clara e precisa a história desse conceito (que ele chama de "Força da Vontade") desde os tempos antigos.

Muitas obras da literatura sugerem que, no passado, o conhecimento e a aplicação do poder do pensamento foram predominantes nas culturas orientais. De um modo irônico, nossa cultura, que já desempenhou um papel importante na identificação do poder do pensamento e da consciência, está muito atrasada na aplicação do poder do pensamento hoje.

As palavras escolhidas para definir esse conceito podem variar de texto para texto. Muitos termos diferentes têm sido usados, como pensamento positivo, novo pensamento, ciência mental, metafísica prática, poder da mente, força de vontade etc., mas a essência permanece a mesma, que é "os pensamentos criam a nossa realidade".

Qualquer que seja a forma adequada, essa verdade precisa ser transmitida a todas as gerações. Todos neste planeta têm o direito de conhecer seu valor intrínseco. Todos têm o direito de ser felizes, abundantes, prósperos e saudáveis. Isso me lembra as palavras de Henry David Thoreau: "Em vez de amor, de dinheiro, de fama, dê-me a verdade".

A ciência do poder do pensamento

"No dia em que a ciência começar a estudar os fenômenos não físicos, fará mais progresso em uma década do que em todos os séculos anteriores da sua existência. Para compreender a verdadeira natureza do Universo é preciso pensá-lo em termos de energia, frequência e vibração."
— Nikola Tesla (físico)

Depois de uma breve passagem pela história do poder do pensamento, aprofundemo-nos um pouco mais nesta seção para entender como ele opera. O poder do pensamento não é um fenômeno místico, mas, sim, uma ciência complexa com suas raízes sólidas invadindo os conceitos da física quântica, que por si só é um oceano que até agora foi pouco explorado. A física quântica é um campo muito difícil de compreender, em virtude dos complexos conceitos em que navega. Então, se for difícil para você entender os tópicos a seguir, não se preocupe. Compreender as minúcias científicas envolvidas no poder do pensamento é uma tarefa exigente e extenuante que ainda está sendo desenvolvida por pesquisadores e que não faz parte do escopo deste livro. Mas é de suma importância que você apreenda a essência desta seção.

Não sou física, portanto, não posso falar sobre as teorias da física quântica com propriedade. Então, não me atreverei a explicá-las em detalhes, a não ser até o ponto em que meus leitores possam ter um vislumbre da relação entre o poder do pensamento e o poder da ciência. Vamos começar definindo alguns termos que o ajudarão a entender melhor a hipótese apresentada pelos cientistas para explicar o poder do pensamento.

❖ Matéria

Matéria é uma substância que tem massa, ocupa determinado espaço e pode ser decomposta em átomos. Cada átomo é subdividido em partículas subatômicas chamadas prótons, nêutrons e elétrons. Toda matéria ao nosso redor é feita dessas partículas subatômicas básicas. Nosso corpo tem a composição química básica de proteínas, carboidratos e gorduras. Esses elementos químicos, por sua vez, são feitos de partículas atômicas e subatômicas. Conclui-se com isso que, no nível mais fundamental, nosso corpo é composto por um número infinitamente grande de partículas subatômicas.

❖ Física clássica

A física clássica, às vezes conhecida como física newtoniana, é o estudo da matéria em níveis macroscópicos. Trata de questões como movimento, termodinâmica, eletromagnetismo e outras propriedades da matéria.

❖ Física quântica

A física quântica é também chamada de Física das Possibilidades. Trata da natureza fundamental da matéria em seus níveis atômico e subatômico. No estado subatômico, a matéria se comporta tanto como partícula quanto como energia. Um elétron pode existir como onda de energia e como partícula sólida. Essas partículas subatômicas infinitamente minúsculas ou feixes de energia impõem limites à precisão com que quantidades podem ser medidas na física quântica. Em escalas tão diminutas, os princípios bem estabelecidos da física clássica são transgredidos.

❖ Energia

Albert Einstein, físico teórico e um dos maiores cientistas do milênio, não acreditava no deus da tradição. Certa vez, ele disse: "Todos os que se envolvem com seriedade na busca da ciência acabam se convencendo de que um espírito se manifesta nas leis do Universo – um espírito muito superior ao do homem e diante do qual nós, com nossos modestos poderes, devemos nos sentir humildes".

De acordo com a física quântica, tudo neste Universo é composto de energia e se encontra em estado de vibração constante. De cada ser humano até o livro que você segura nas mãos, incluindo os pássaros que voam nos céus, as estrelas e o espaço acima, tudo é energia. Essa força energética intangível é a base de tudo o que existe e flui em todas as direções, de uma forma para outra. Além disso, essa energia tem um padrão de onda com frequência e comprimento definidos.

Com base nisso, a informação que seu professor de biologia deve ter passado, que "o DNA é o bloco de construção da vida", pode ser questionada agora. Em seu livro *The Science of Getting Rich* (*A Ciência de Ficar Rico*), Wallace D. Wattles diz: "Tudo o que vemos na Terra é feito de uma substância original da qual todas as coisas procedem". Se nos aprofundarmos, descobriremos que o bloco de construção central é a energia. Você, eu, todos e tudo somos uma manifestação milagrosa dessa energia do Universo. Todos nós ao redor do mundo, seja qual for nossa cor, nosso credo, nossa inteligência, nossas opiniões, nosso *status* etc., somos componentes de um único imenso campo vibratório de energia expressando-se de múltiplas formas. Essas vibrações estão além das nossas observações, pois o nosso sistema sensorial não é adaptado para percebê-las. O agente de cura energético e professor Jeffrey Allen diz: "Você não é um corpo com energia, você é energia com um corpo físico".

❖ Observador

Toda pessoa com uma consciência dentro de si – isto é, com a capacidade de pensar e de escolher – é um observador.

❖ Princípio da dualidade onda-partícula

Este princípio afirma que as partículas subatômicas têm estados duplos de existência. Elas podem se comportar como partícula (matéria) ou como onda (energia). Significa que partículas como o elétron podem proceder como onda e ser descritas como função de onda. Esse princípio é demonstrado pelo experimento replicável da fenda dupla, que estuda o padrão formado por elétrons que passam através de fendas.

❖ Interpretação de Copenhague

Esta teoria afirma que a matéria em níveis subatômicos tende a se encontrar em todos os estados possíveis (partícula e onda) em qualquer momento. Só quando o observador examina ou mede esses estados é que a partícula é pressionada a escolher um estado finito. Assim, se não for observada, a partícula nem mesmo existe. A observação pode ser feita usando-se um medidor ou a olho nu. O ato de observar afeta o estado que a matéria assumirá depois da observação. Isso leva à polêmica questão da existência ou não da realidade objetiva.

❖ Superposição quântica

Quando a partícula não está sendo observada, ela tem um potencial infinito de se encontrar em todos os estados possíveis. Esse fenômeno é denominado superposição quântica. Uma experiência no campo mental feita pelo físico Erwin Schrödinger, chamada Experimento do Gato de Schrödinger, explica esse conceito de uma maneira muito simples, mas ao mesmo tempo profunda. Também demonstra como a superposição de estados é interrompida pelo ato da observação.

❖ Colapso da onda

O total de estados quânticos possíveis de uma partícula durante a superposição quântica constitui a função de onda da partícula que é dada pela equação de onda de Schrödinger. Quando um observador dá atenção a qualquer estado quântico em particular, as demais funções de onda entram em colapso, ou seja, os outros estados desaparecem. Isso reduz todo o cenário de superposição a um único estado (partícula), que é um estado bem definido de possibilidade finita. O ato de observar esses pacotes de energia os traz para a dimensão física, material, e afeta o resultado ou a realidade.

❖ Relação entre física quântica e poder do pensamento

A incapacidade da ciência atual de compreender totalmente a natureza quântica da matéria e a complexidade do cérebro humano produziram algumas hipóteses polêmicas para explicar o papel do observador consciente na mudança da realidade. Hoje, os cientistas aprofundam as pesquisas sobre as ideias da física quântica que possibilitaram aos pioneiros deste campo, como Max Planck, Louis de Broglie, Neils Bohr, Erwin Schrödinger, Werner Heisenberg, Wolfgang Pauli e outros, elaborar suas teorias. Os trabalhos de pesquisa e as ideias de autores, cientistas e pesquisadores, a exemplo de Edgar Mitchell, Hal Puthoff, J. B. Rhine, Helmut Schmidt, Robert Jahn, Roger Nelson, Dean Radin, Iann Swann, Rene Peoc'h, Fritjof Capra, William Braud, Elizabeth Targ, William A. Tiller, Karl Pribram, Stuart Hameroff, Jeffery Satinover, Joe Dispenza, Fred Alan Wolf, Amit Goswami, Andrew B. Newberg, para citar alguns, convergiram para uma hipótese conclusiva que visa compreender o papel das intenções na mudança da nossa realidade cotidiana. O trabalho desses estudiosos deixa transparecer que o poder do pensamento não é mera filosofia de pensamento positivo da Nova Era, mas, sim, algo que se ergue sobre uma vasta e sólida fundamentação científica.

A partir do conceito de energia quântica universal, infere-se que toda matéria existe na forma de ondas de energia. Essas ondas energéticas de diferentes frequências e variados comprimentos podem existir numa multiplicidade de estados em qualquer dado momento (interpretação de Copenhague). No momento em que um observador, com seus pensamentos, direciona a atenção a uma matéria (objeto/situação) qualquer, as ondas de energia dessa matéria colapsam na realidade material sólida correspondente (colapso da função de onda). Cada pensamento que tivemos, temos ou teremos irá interagir com a miríade de ondas de energia que nos cercam. Algumas outras pesquisas também sugerem o papel do campo de ponto zero, da consciência humana e da natureza quântica do cérebro nessa interação mente-matéria.

Outra questão significativa a ser considerada aqui é a "escolha", ferramenta importante de posse do observador. Ao escolher um resultado para este momento, esta hora, este dia ou esta vida, você pode limitar as possibilidades infinitas presentes no conjunto de resultados. Cada decisão que você toma como observador limita o grau de liberdade de manifestação aleatória do sistema físico. A realidade da sua vida encontra-se em estado liquefeito, possibilitando, assim, às habilidades artísticas dos seus pensamentos alterá-la e imprimir-lhe uma determinada forma.

O dr. William A. Tiller, professor emérito de Ciência e Engenharia de Materiais na Universidade de Stanford, explica que o observador é o nosso espírito (energia eterna intangível), que habita o nosso biocorpo de quatro camadas (corpo humano). Com seu modelo Tiller-Einstein e a análise psicoenergética, o dr. Tiller delineia toda a série de etapas da manifestação energética a que a energia dentro de nós dá início. De acordo com o conhecido físico teórico John Wheeler, a mente não apenas desempenha o papel de observador como também está de fato envolvida como verdadeiro "participante" na criação da realidade. Não importa se o observador é a mente ou a consciência; o essencial é que o meio pelo qual a realidade adquire sua forma são os nossos pensamentos.

Se você quiser se aprofundar nas pesquisas que concluem por meio da presença do efeito observador nas interações mente-matéria, *The Field* (O Campo), de Lynn MacTaggart, *The Conscious Universe* (O Universo Consciente), do dr. Dean Radin, e *Mind to Matter* (Da Mente à Matéria), do dr. Dawson Church, são bons livros para satisfazer a sua curiosidade científica. Você também pode assistir a *What the Bleep Do We Know?* (Quem Somos Nós?), um documentário, ou ler o livro do mesmo nome. Esta é uma compilação de opiniões de pesquisadores sobre as infinitas possibilidades que temos de alterar a nossa realidade.

A energia do Universo trabalha em sincronia com seus pensamentos. Esse conceito projetou seu passado, está projetando seu presente e projetará seu futuro. Esteja você consciente ou não da existência deste fenômeno, ele está em ação o tempo todo, 24 horas por dia, os sete dias da semana. Seja o que for que você irradie para o repositório da energia universal, isso é o que você processará e trará de volta para a sua vida.

Para entender esse conceito, é comum recorrer a uma analogia de algo muito frequente na radiodifusão. Quando quer ouvir uma música em 98.3 FM, você sintoniza o seu rádio receptor nessa frequência para que corresponda aos sinais da torre de transmissão. Enquanto seu rádio está em 104.0 FM, você ouve o que está sendo transmitido nessa frequência, e não naquela que você deseja, ou seja, 98.3 FM. As ondas de rádio do seu aparelho e da estação transmissora devem ter frequências e vibrações equivalentes, assim como suas intenções e a realidade almejada. Sempre que almeja uma determinada realidade (coisas/ situações/ pessoas) em sua vida, você precisa ter os pensamentos correspondentes.

Neste ponto, você deve estar se perguntando: se pensamentos são energia e se a energia se manifesta, por que não vejo isso acontecendo ao meu redor a olho nu? A resposta está nesta outra pergunta: por que você vê seu amigo como um corpo humano, e não como um feixe de energia cintilante? Isso acontece porque os nossos cinco sentidos são limitados em sua percepção dos diferentes espectros de energia. Sua mente só consegue perceber aquilo para o qual dispõe de algum mapeamento interno. Esse mapeamento difere de espécie para espécie. Na percepção do espectro de energia, duas pessoas com mapeamentos cerebrais diferentes percebem a realidade de modos distintos.

Por exemplo, diferentes espécies de animais têm diferentes níveis de percepção energética em comparação com os seres humanos. Conforme a raça, o olfato de um cão pode ser de 1 mil a 10 milhões de vezes mais sensível do que o olfato dos humanos. No caso de pessoas com pouca ou nenhuma percepção visual, às vezes o cérebro se readapta para intensificar a percepção de outros sentidos com o objetivo de compensar a falta de visão.

Em seu livro *E-Squared* (*Energia ao Quadrado*), Pam Grout explica essa ideia da percepção de maneira bastante divertida: "[...] num movimento de rotação (da Terra) de aproximadamente 1.600 Km/h. O movimento de translação da Terra em sua órbita ao redor do Sol chega a ser superior a impressionantes 108.000 Km/h. No entanto, a menos que tenha entornado vários canecos de cerveja, você provavelmente não perceberá nenhum movimento dessa natureza. Esse é apenas um pequeno exemplo de como distorcemos a realidade".

Mudança de paradigma

> "Espero que a ciência básica se torne parte da cultura geral.
> O que hoje parecem paradoxos da teoria quântica será
> apenas bom senso para os nossos netos."
> — Dr. Stephen Hawkins (físico)

Estima-se que o corpo humano seja composto de $3{,}72 \times 10^{13}$ ou 37,2 trilhões de células e que uma única célula tenha cerca de 100 trilhões de átomos. Imagine, então, o total de átomos presentes em seu corpo! Esse número fantasticamente elevado de átomos com seu núcleo constituído de ondas de energia, seguindo os princípios da física quântica, pode, sem dúvida nenhuma, resultar em algum fenômeno enigmático, como o poder do pensamento.

As pesquisas sobre o mecanismo preciso das intenções, da consciência da mente, da energia e do Universo ainda se encontram em estado incipiente e discutível por causa da complexidade dos sistemas envolvidos e da incapacidade do cérebro humano de compreendê-los neste momento. Contudo, o ponto crucial a considerar é que essas pesquisas confirmam a existência de uma relação entre as nossas intenções e a nossa realidade.

Para os que não acreditam, eu diria que o processo científico envolvido no poder do pensamento se reveste de polêmica porque é tão imensamente misterioso que é mais fácil não acreditar do que procurar e aceitar a verdade. Querer compreender o intangível com os nossos limitados meios tangíveis sempre restringe a nossa inteligência, fazendo-nos ignorar o fato real. Em sua obra *Conscious Acts of Creation* [O Código da Emoção], o dr. William A. Tiller escreve: "É mais fácil no aspecto psicológico rejeitar a existência/validade de tais dados do que passar pelo difícil processo de mudar padrões mentais arraigados relativos à realidade". Podemos negar ou aceitar, mas isso não muda a verdade universal.

A escritora e jornalista Lynne McTaggart diz algo que vale a pena citar: "Ser um verdadeiro explorador na ciência – seguir as diretrizes imparciais da investigação científica pura – é ter coragem de propor o impensável e provar que amigos, colegas e paradigmas científicos estão errados".

Até a física quântica conquistar credibilidade como ciência, cabia à religião compreender e interpretar tudo o que era invisível e transcendia os domínios físicos. Hoje, as linhas limítrofes entre espiritualidade e ciência estão cada vez mais esmaecidas à medida que o poder do pensamento deixa de ser um dogma da Nova Era, antes contestado pelos céticos. Não é magia, misticismo, filosofia ou metafísica. Embora o ritmo das pesquisas não seja surpreendente, hoje, o cenário está mudando, com muitos pesquisadores aceitando a relação entre energia invisível, mente e poder do pensamento.

Em seu livro *The Grand Design* (*O Grande Projeto*), o dr. Stephen Hawking – uma das mentes mais brilhantes do século – declarou que, por quase dois mil anos, os paradigmas científicos profundamente arraigados de Aristóteles prevaleceram na comunidade científica até serem questionados por estudiosos como Galileu. A história é prova de que não podemos aceitar nada como definitivo no que se refere ao Universo e à ciência. Em meados dos anos 1500, Copérnico revolucionou a ciência e a religião ao descobrir que a Terra não é o centro do Universo. Essa descoberta enfrentou muitas críticas de diversos grupos, mas acabou produzindo uma mudança total de paradigma em relação às antigas crenças. Do mesmo modo, quando Albert Einstein propôs a Teoria da Relatividade no século XX, criou uma enorme turbulência na comunidade científica, pois essa teoria substituía muitos aspectos dos conceitos da física clássica ou newtoniana, já predominante na época por uns duzentos anos.

Hoje, podemos nos encontrar num estado de incompetência consciente, em que não conhecemos todos os detalhes do poder do pensamento. Neste momento é mais importante termos consciência da existência do poder do pensamento do que compreender "como" ele se comporta. Desde os primórdios da civilização, até cerca de cem anos atrás, a humanidade esteve utilizando fenômenos naturais como o Sol, os ventos e as águas correntes mesmo sem saber como de fato funcionavam. Do mesmo modo, ninguém sabe hoje ao certo de que modo fenômenos como o poder do pensamento funcionam, o que pouco importa quando se trata de utilizá-los e aplicá-los. A verdade sobreviverá porque é eterna.

Este é o momento de considerar a ciência como um caminho aberto que leva ao conhecimento do desconhecido, sem restringir a nossa perspectiva com relação ao que os nossos olhos podem ver. Ao compreender isso, diante de um espelho, você se surpreenderá ao perceber que o intangível e o invisível estão dentro de você e são mais poderosos e belos do que qualquer coisa fora de você. O dr. William A. Tiller descreve essas habilidades superfísicas com estas palavras: "Tornando-nos mais coerentes e conscientes, trazemos à superfície as nossas capacidades latentes". A chave da fechadura está em suas mãos, e você a esteve procurando no mundo externo! É o condutor que sempre segura o cabresto, ninguém mais!

Veja a seguir a síntese de algumas pesquisas e alguns experimentos surpreendentes sobre poder do pensamento, intenções e consciência humana.

❖ Poder do pensamento em ação

O dr. William Tiller, professor emérito da Universidade de Stanford, conduziu muitos experimentos para demonstrar o efeito das intenções humanas sobre substâncias e compostos orgânicos e inorgânicos, ou entidades vivas e não vivas. Um dos seus interessantes experimentos foi sobre o aumento da produção da ATP (Adenosina Trifosfato) na mosca-das-frutas pelo poder de intenções específicas. Sua equipe projetou um experimento de laboratório em que seus integrantes concentraram suas intenções (de aumentar a produção da ATP) numa caixa. Essa caixa identificada e uma caixa de controle foram enviadas a outro laboratório em Minnesota, a cerca de 2.500 quilômetros de distância. As duas caixas foram postas em duas gaiolas separadas de moscas-das-frutas. As moscas-das-frutas na gaiola com a caixa identificada revelaram um aumento da ATP e uma linhagem genealógica melhorada. Esses resultados foram muito surpreendentes para ser atribuídos apenas ao acaso.

❖ Efeito das intenções humanas sobre máquinas

O dr. Robert Jahn, da Universidade de Princeton, iniciou o projeto PEAR (Princeton Engineering Anomalies Research) para analisar a interação da mente com a matéria (máquina). Com a ajuda de outras pessoas dessa área, ele inventou uma máquina chamada Gerador de Números Aleatórios (Random Number Generator [RNG]), cuja tarefa consistia em produzir dois números de forma aleatória – 1 e 0. As possibilidades de isso acontecer eram de 50%, como as de jogar uma moeda no ar e obter cara ou coroa. Esperava-se que os participantes do teste direcionassem suas intenções para produzir uma porcentagem maior de 1 ou de 0. Sob protocolos laboratoriais rígidos, esses experimentos com RNG foram realizados durante um período de doze anos, com quase 2,5 milhões de testes concluindo que as intenções humanas eram capazes de direcionar o resultado da máquina. Resultados experimentais semelhantes foram replicados por diferentes laboratórios em todo o mundo.

❖ Cura intencional, cura a distância e o poder da oração

A ciência tem mostrado que pensamentos intencionais podem produzir efeitos curativos sobre uma pessoa, mesmo a distância. Atribui-se esse resultado às fortes ondas de energia eletromagnética coerente emitidas pelo agente de cura (como os mestres de *Qigong*). Praticantes de Reiki foram fotografados para mostrar como suas mãos emitiam uma forte energia, muito semelhante à energia de um raio *laser*, durante um tratamento. O nome dessa força emitida é energia vital, ao passo que a ciência a denomina emissão de biofótons. O dr. Fritz-Albert Popp descobriu que essas emissões de energia coerente estão, em geral, presentes em plantas, animais e humanos.

Um experimento laboratorial clássico sobre o poder de cura foi realizado pelo dr. William Braud, da Mind Science Foundation, no Texas. Ele testou a redução da hemólise das hemácias quando estas eram submetidas à visualização e ao tratamento com intenção curativa. Um número significativo de resultados positivos desses estudos duplos-cegos com placebo indicou que a cura não é apenas uma questão de acaso. (Dr. William Braud, 1994; Dr Daniel J. Benor, 2000).

Experimentos laboratoriais controlados conduzidos por Randolph Byrd, Elisabeth Targ e Fred Sicher confirmaram o fato de que várias modalidades de cura melhoraram os resultados no paciente. A parte surpreendente é que a arte da cura intencional não se limita a alguns praticantes capacitados. Pessoas comuns se mostraram aptas a realizar curas intencionais durante experimentos projetados para verificar exatamente essa questão. (Estudo MAHI de W. Harris)

❖ Telepatia nas plantas

Foi confirmado no âmbito científico que as plantas podem responder ao nosso poder do pensamento por meio de algum tipo de comunicação quântica. Pesquisas de Cleve Backster (descobridor da telepatia nas plantas) e do dr. Fritz-Albert Popp (biofísico) levaram à elaboração desse conceito. A projeção de pensamentos positivos e amorosos em plantas pode torná-las mais vigorosas.

❖ Efeito do pensamento sobre a água

Foram efetuados muitos experimentos para estudar a capacidade do pensamento de afetar a água. Uma pesquisa popular conduzida pelo dr. Masaru Emoto (*The Hidden Messages in Water*, 2004 (*Hado – Mensagens Ocultas na Água*. São Paulo: Cultrix, 2006 [fora de catálogo]) concluiu que amostras de água insufladas com pensamentos positivos (como amor e gratidão) produziam cristais de gelo simétricos, bem delineados e muito bonitos. Por outro lado, as amostras que foram submetidas a intenções negativas (como ódio) produziam cristais assimétricos e deformados. Como 70% do corpo humano é água, imagine o efeito que seus pensamentos podem ter sobre o seu corpo.

❖ Projeto Consciência Global

Este projeto nasceu no laboratório PEAR da Universidade de Princeton. Coletam-se dados globais de geradores físicos de números aleatórios localizados em até setenta *sites* hospedeiros em todo o mundo. Seu objetivo é examinar a sutil correlação entre a consciência humana e as atividades globais que envolvem nosso coração e nossa mente. O projeto registra muitos resultados durante o ano, e suas maiores altas ocorreram em acontecimentos como os ataques de 11 de setembro, *tsunamis*, mortes de personalidades públicas, tomadas de posse presidenciais etc.

❖ Efeito placebo

"Um efeito benéfico produzido por um medicamento ou um tratamento placebo, que não pode ser atribuído às propriedades do próprio placebo e deve, portanto, ser consequente da crença do paciente no tratamento." A internet está repleta de incontáveis experimentos realizados com o objetivo de testar o efeito placebo. Nesses testes, os pacientes que acreditam receber o medicamento ou a cirurgia diagnosticada (medicação/cirurgia placebo) ficam curados do mesmo modo que outros que se submeteram à medicação ou à cirurgia prescritas. Para que você compreenda como pode curar a si mesmo com seus pensamentos, recomendo a leitura dos livros *You Can Heal Your Life* (*Você Pode Curar sua Vida*), de Louis L. Hay, e *You Are the Placebo* (*Você é o Placebo*), do dr. Joe Dispenza. O oposto do placebo é o efeito nocebo, processo em que pensamentos negativos prejudicam sua saúde e seu corpo.

O poder do pensamento não pode ser usado apenas para transformar a nossa vida, mas também o mundo, em geral. Pensamentos positivos coletivos e intenções de cura podem tornar o mundo um lugar melhor para se viver. O seu deus está dentro de você. Basta olhar para dentro de si com toda a fé. Eckhart Tolle, um autor espiritualista a quem a *Watkins Review* citou em 2011 como a pessoa viva mais influente no âmbito espiritual, disse, certa vez: "Você é este universo experimentando a si mesmo, de um modo muito breve, como humano".

Se você quiser efetuar alguns experimentos de pensamento fáceis de fazer, leia o livro *E-Squared* (*Energia ao Quadrado*), de Pam Grout. O livro é uma compilação de nove experimentos para testar seu poder do pensamento. Se quiser continuar sendo cético, esta será sua realidade. No entanto, seu ceticismo jamais conseguirá impedir que o poder do pensamento deixe de agir. Sua perda o impedirá de ser um pensador proativo positivo.

Por que a manifestação é instigante?

"O único limite para o seu impacto é a sua imaginação e o seu comprometimento."
— Tony Robbins (escritor)

Depois de tudo o que você leu até aqui sobre a história e a ciência do poder do pensamento, talvez esteja pensando algo como "Por que não consigo manifestar minhas intenções desejadas para alcançar meu potencial máximo?" ou "Por que não consigo acabar com a corrupção, a guerra e a pobreza deste mundo com as minhas intenções?". Bem, você pode fazer uso intencional do poder do pensamento, conforme a habilidade e a independência com que o usa.

Considerando que, com este livro, desejo que os leitores compreendam como usar o poder do pensamento, é importante abordar este ponto. Essa ideia não é magia da terra dos sonhos. Ela funciona baseada em certas leis e, assim, implica algumas restrições. Alguns fatores que amortecem o fluxo livre dos seus pensamentos foram resumidos e podem ser vistos a seguir.

❖ Crenças subconscientes

Na superfície, você pode ter a impressão de que tem um determinado desejo e, em consequência, a intenção de alcançá-lo. Em níveis mais profundos da sua mente subconsciente, porém, suas crenças podem contradizer o seu desejo. Quando há conflitos dessa natureza entre seus pensamentos e suas crenças, fica difícil manifestar seus desejos. Você pode pensar alguma coisa, mas realizar exatamente o contrário!

O modo de superar esse obstáculo é apresentado no próximo capítulo. Compreendendo o papel do seu cérebro, da sua mente, de suas crenças, de seus pensamentos e sentimentos, você com certeza estará a caminho da criação da sua realidade. Além disso, do Capítulo 4 até o 7 você irá aprender a reconfigurar seu mecanismo subconsciente seguindo os vários processos descritos nesses capítulos.

❖ Redes neurais conectadas

As células cerebrais formam uma rede neural – rede de células cerebrais chamadas neurônios – correspondente a cada um dos seus comportamentos, de suas crenças, suas lembranças, sua identidade emocional, suas ações etc. Tudo o que você faz com regularidade é armazenado nesses circuitos cerebrais para acesso fácil na próxima vez. Esses circuitos neurais bem programados e conectados do cérebro levam-no a repetir ações e comportamentos passados. Assim, quando age de maneira semelhante à que agia no passado, você manifesta o seu passado, e não um futuro diferente.

Neste livro, você encontrará várias indicações para começar a jornada e se tornar um novo você, desfazendo redes indesejadas e formando novas. Desde livrar-se de velhas crenças (Capítulo 3) até seguir a fórmula de sucesso de três etapas (Capítulos 4 a 7), você receberá todas as ferramentas para mudar sua rede neural a fim de harmonizar-se com o processo de manifestação.

❖ Poder de observação

Como você viu até agora, tudo depende do seu poder de pensar ou observar. Todos os seres humanos têm a capacidade e o poder de observar. Mas hoje, neste mundo acelerado de tecnologia, poluição, população elevada, consumismo e desperdício, você perdeu esse poder. Você se distrai tanto com o espetáculo exterior que raramente se detém e se recolhe para entrar em contato com essa energia. Em meio às necessidades de sobrevivência diária, às constantes notícias violentas da mídia, à competição selvagem e insana na vida e no trabalho, ter alguns momentos de foco e paz é como uma ideia de férias utópica.

A mente-macaco continua pulando de um compromisso a outro. A chave para uma aplicação bem-sucedida do poder do pensamento está na atenção total ao pensamento desejado. Mas isso não está acontecendo! Você é incapaz de se concentrar num único pensamento por alguns segundos que seja. Nesse caso, o objetivo da observação proativa se torna um ponto distante a ser alcançado.

Qual é o remédio, então? A meu ver, a meditação é uma das melhores alternativas. Quando você medita, desenvolve a atenção plena (*mindfulness*), que é a capacidade de viver o momento presente. A meditação não silencia totalmente sua mente-macaco, mas pode reduzir o ruído a um nível exigido por uma boa observação. Em suma, a meditação desenvolve a capacidade de manter o foco. No Capítulo 6, eu exponho em detalhes como você pode iniciar seu ritual diário de meditação.

Além disso, você precisa fazer seus pensamentos girarem em torno de coisas que de fato importam para você. Com práticas como afirmação, visualização, agradecimento, planos de ação, entre outras, você terá um domínio melhor sobre seus pensamentos. Seu foco convergirá menos para coisas sem importância e mais para o que você quer da vida. Esses métodos (apresentados nos Capítulos 5, 6 e 7) para manter o foco e ser positivo facilitarão a atenção plena em sua vida.

❖ Inércia da realidade

O dr. Dean Radin, do Instituto de Ciências Noéticas, explica a inércia da realidade como a tendência da energia do Universo a permanecer em um ponto de estabilidade, equilibrando-se ou recuperando-se para retornar a essa estabilidade. A criação da sua realidade depende das suas intenções, mas estas não são as únicas. Você não é um ser humano único com esse poder; há 8 bilhões de consciências humanas governando o planeta Terra. Então, quando a sua intenção cria uma pequena curva na energia do Universo aqui, essa curva pode ser rejeitada na outra extremidade, e você é jogado de volta.

Como superar isso? E como você pode tornar suas intenções ou seus pensamentos vigorosos o suficiente para criar e manter uma mudança na energia do universo ao seu redor, de modo que ela não rebote de volta? Bem, os próximos capítulos tratam disso. A fórmula de sucesso de três etapas ajuda-o a se tornar um observador persistente e proativo da sua realidade. Quanto mais unidirecionais forem suas intenções, sua atenção, suas emoções, suas crenças e sua imaginação, mais você terá condições de controlar sua vida.

Capítulo 3

Reinvenção de si mesmo

"As únicas mentiras pelas quais somos de fato punidos
são aquelas que contamos a nós mesmos."
— V. S. Naipaul (escritor)

Mesmo quando você é o observador, o capitão, o mestre, o *chef*, o condutor e o criador da sua vida, ainda assim, gera uma realidade diferente daquela dos seus sonhos! Você ainda pode adoecer, sofrer um acidente, ir à falência, enfrentar um divórcio ou se machucar em seus relacionamentos. Detalhe da maior importância aqui, porém: seja o que for que possa acontecer, a responsabilidade é sempre sua. Neste mundo, ninguém é vítima do outro. Cada pessoa é vítima dos próprios pensamentos.

Como vimos na última seção do capítulo anterior, a realidade não lhe favorece porque você perdeu a capacidade de observar de modo proativo. Esse é o resultado das limitações atuais do seu cérebro e do condicionamento da sua mente subconsciente. Você pode ler centenas de livros sobre pensamento positivo, mas se a sua programação interna pender para a negatividade, você continuará voltando à estaca zero. Palavras inspiradoras não são suficientes para mudar sua realidade. Um conhecimento superficial do poder do pensamento e sua aplicação serão inúteis. Para extrair ao máximo os benefícios desse poder, é importante compreender a origem dos pensamentos limitantes. Você precisará fazer mudanças substanciais nos seus padrões de pensamento. Se eu lhe pedisse de repente para assumir uma atitude positiva e se visualizar fechando um grande negócio, você enfrentaria enormes dificuldades. Você não conseguiria evitar que lhe afluíssem à imaginação todas as crenças e as respectivas razões pelas quais esse negócio só poderia redundar em fracasso. Seus pensamentos seriam ineficazes porque sua mente continuaria a importuná-lo, insinuando-lhe que a perspectiva de sucesso é falsa e não pode se concretizar. Para que o poder do pensamento produza resultados efetivos, seus pensamentos precisam convergir de modo consistente para um único foco, sem abrigar a menor dúvida que seja. Seus pensamentos e as crenças do seu subconsciente devem estar em sincronia com seus objetivos.

Este capítulo o orientará a desvencilhar-se de crenças indesejadas para, assim, dispor de espaço para crenças novas e otimistas, pois este é o terceiro passo na aplicação bem-sucedida do poder do pensamento. Veremos como seus pensamentos e suas emoções levam ao condicionamento subconsciente de sua mente, o que, por sua vez, afeta suas crenças sobre si mesmo e sobre a sociedade. Você compreenderá o papel do cérebro e da mente subconsciente e, então, passará a aplicar esse conhecimento para mudar seus pensamentos, suas crenças e emoções. Esta seção é de leitura obrigatória para aqueles que têm aplicado o poder do pensamento com pouco ou nenhum sucesso. Você pode pedir tudo o que quiser para a energia do Universo, mas pouco ou nada obterá se sua mente acreditar e pensar que as possibilidades são remotas.

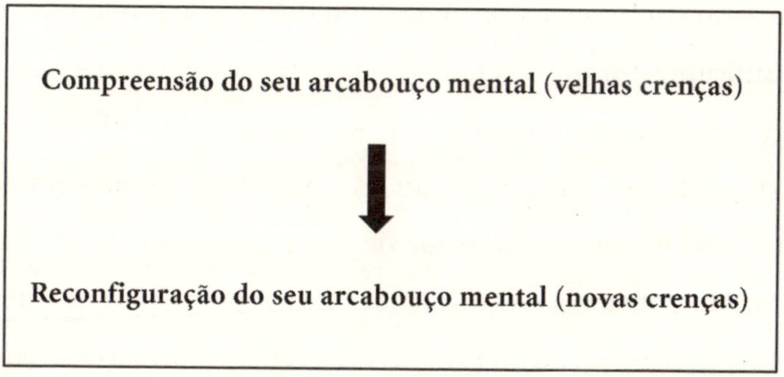

Figura 1: Reinventando-se com a introdução de um novo arcabouço mental.

Deixe-me conduzi-lo durante a jornada rumo à sua reinvenção. Ao final, você terá se transformado em um observador com uma predisposição mental para o positivo, com pensamentos e emoções sincronizados para criar a realidade da sua escolha.

Cérebro

Entender o funcionamento do seu cérebro, mesmo que seja apenas um pouco, vai ajudá-lo a escolher melhor seus pensamentos. O cérebro humano é uma criação simplesmente fantástica. Governa todos os processos vitais do corpo. Comporta cerca de 100 bilhões de células nervosas, chamadas neurônios. Todos esses neurônios comportam milhares de ramificações que lhes possibilitam comunicar-se entre si. Os neurônios envolvidos em uma determinada atividade cerebral se reúnem para formar conexões conhecidas como redes neurais.

O cérebro recebe 400 bilhões de *bits* de informação por segundo, mas só conhecemos cerca de 2 mil deles. Esse número é muito insignificante porque o cérebro exclui milhares de dados que considera inúteis e sem importância. A relevância das informações é determinada a partir de lembranças anteriores presentes em nossa mente subconsciente e depende de haver ou não uma rede neural correspondente a essas informações. No entanto, porque estamos falando da capacidade do cérebro de receber informações? Porque ele é também capaz de limitar nossas percepções por meio da repetição de antigos conjuntos de padrões e hábitos. Por consequência, enquanto esses antigos conjuntos de pensamentos continuam se repetindo, sua velha realidade também se repete.

Seus hábitos, suas atividades e seus comportamentos, com frequência, se fixam no cérebro como redes neurais. Por exemplo, se você sempre se irrita com pequenas divergências, torna essa atitude parte do seu comportamento, desenvolvendo uma rede neural específica para ela. A rede neural responsável pela sua irritação passa a ser dominante; então, sempre que ocorrer algum desentendimento, esses neurônios vão disparar e você vai explodir em alguma manifestação furiosa. Quando situações semelhantes ocorrem de modo sistemático, você fica dependente da emoção da raiva, como se fosse um vício.

Saber da importância de construir padrões neurais corretos no cérebro é fundamental para criar pensamentos corretos. Você pode mudar de modo consciente seus hábitos, suas emoções e os comportamentos indesejáveis relacionados a uma determinada situação e, por conseguinte, pode também mudar seus padrões de pensamento para tais situações. Assim, para pensar de maneira proativa, é recomendável adotar este conceito de neuroplasticidade do cérebro. Como as redes neurais conectadas se formam a partir de comportamentos e hábitos repetitivos, elas podem ser desfeitas com a mudança dos hábitos e dos comportamentos correspondentes. Se você começar a mudar seus padrões de pensamento, suas redes neurais antigas e indesejadas serão eliminadas pelo processo chamado poda sináptica. O resultado será a manifestação de pensamentos conscientes em seu cérebro em lugar da reprodução rotineira de antigos pensamentos espontâneos e pré-programados.

Utilize essas informações biológicas para tornar seus pensamentos fruto de uma escolha, não de uma reação automática, mecânica, padronizada. Pensamentos e emoções mais positivos promoverão o desenvolvimento de redes neurais mais desejáveis, que o ajudarão a reagir de maneira semelhante em outras situações. Dê um salto para mudar seus pensamentos e seus hábitos. Lembre-se de que todos os pensamentos produzidos pelo seu cérebro até hoje culminaram no que você é neste momento.

Mente subconsciente

> "Tudo o que plantamos em nossa mente subconsciente e
> cultivamos com repetição e emoção, um dia,
> se tornará realidade."
> — Earl Nightingale (escritor)

De um modo diferente do que ocorre no cérebro, que é um órgão palpável que controla as funções de outros órgãos, a mente é a parte invisível, associada a crenças, pensamentos, memórias e imaginação. A mente subconsciente é interna ou subjetiva; a mente consciente é externa ou objetiva. A mente consciente realiza ações lógicas e conscientes, portanto, não constitui respostas automáticas e está sempre envolvendo algum pensamento, um julgamento ou uma análise. Por exemplo, você usa a mente consciente ao fazer cálculos, ao passo que dirigir o carro e ao mesmo tempo ouvir música é uma atividade subconsciente.

A mente subconsciente é a mente que não julga e que simplesmente acredita em tudo o que você lhe fornece. É o depósito de suas capacidades, de seus conhecimentos, suas experiências e lembranças. Você brincava com quebra-cabeças de blocos quando criança? Sempre que pretendia montar alguma coisa, você pegava peças da caixa e as juntava até formar o que queria. Podemos comparar as informações armazenadas no subconsciente com os blocos de um quebra-cabeça guardados numa caixa. Sempre que a situação exige, recuperamos as informações do depósito da mente.

Além disso, sabemos, hoje, que os pensamentos são gerados por uma complexa sucessão de processos em que o ato de pensar é determinado pelos neurônios (células cerebrais). O subconsciente é a fonte das informações que geram o pensamento. Essas informações podem assumir a forma de uma ideia, uma imagem, uma lembrança, uma visão, uma consciência, uma experiência ou uma crença. Assim, ações e pensamentos conscientes baseiam-se no que você já sabe; por outro lado, todos os seus desejos e criatividade procedem da mente subconsciente. De fato, a mente subconsciente é a identidade não física que governa tudo o que acontece no seu mundo físico! Ela é como a matéria-prima que o engenheiro usa para construir uma casa. De acordo com a qualidade e a quantidade de matéria-prima utilizada, diferentes estruturas erguem-se do solo. Do mesmo modo, a natureza dos pensamentos que emergem depende das informações armazenadas no subconsciente.

Bem, você precisa decidir quais informações quer fornecer à sua mente subconsciente. E precisa também se lembrar de que cada uma dessas informações será sempre retirada do seu banco de dados para criar seus pensamentos. Assim, com uma atitude positiva, você nutrirá sua mente com substâncias positivas, as quais, em troca, lhe apresentarão resultados saudáveis na forma de pensamentos positivos.

Para conhecer melhor o papel do subconsciente na condução do cotidiano, *The Power of Your Subconscious Mind* (*O Poder do Subconsciente*), do dr. Joseph Murphy, é leitura recomendada. E se quiser ter uma visão científica de como seu ambiente e suas crenças moldam sua realidade, *The Biology of Belief* (*A Biologia da Crença*), do dr. Bruce Lipton, ampliará seus conhecimentos.

Sintonia com a mente subconsciente

"Saiba que você pode reconstruir-se insuflando um novo projeto em sua mente subconsciente."
— Dr. Joseph Murphy (escritor)

Segundo o dr. Bruce Lipton, biólogo, em um dia usamos a mente consciente apenas 5% do tempo. Nos 95% restantes, nossos pensamentos, nossas decisões e ações baseiam-se nos dados preexistentes armazenados no subconsciente. Ele esclarece também que a programação mental de uma criança começa ainda no ventre materno. Entre os 2 e os 6 anos de idade, o cérebro infantil produz ondas teta, responsáveis por fazer o *download* de todo tipo de informação no subconsciente, como numa sessão de hipnose. O cérebro consciente ainda está inativo nessa fase; então, a criança absorve todas as informações sem analisá-las ou filtrá-las. A criança também internaliza as "regras de vida" dos pais e da sociedade. É fundamental, portanto, ficar atento ao que foi inculcado em sua mente no passado e ao que você introduz nela no presente. Não deixe que seu eu de 6 anos de idade elabore sua vida hoje.

Por isso, veja bem, tudo o que você percebe com seus sentidos é registrado no subconsciente, e esses registros são acessados sempre que necessário. Até hoje, você tem registrado a maioria dos dados de modo inconsciente. É fundamental entender que estamos vivendo em um mundo em que você continuará encontrando muita energia negativa de pessoas e experiências. No entanto, ser consciente e proativo pode ajudá-lo a deter essa negatividade no portão e evitar sua retenção no depósito da mente. Para se tornar alguém que pensa de modo proativo, você precisa ser um receptor consciente de informações. Se não fizer esforços conscientes para mudar o que entra em sua mente, ela assimilará tudo o que lhe chegar no dia a dia.

Depois de se conscientizar da importância de determinadas informações que sua mente deve absorver (ideias, imagens, memórias, experiências, crenças etc.), o passo seguinte é ajustar a mente subconsciente para harmonizá-la com a realidade que você deseja criar. Para isso, você precisa definir seu objetivo e registrá-lo no subconsciente. Então, a mente criará pensamentos correspondentes e acessará o banco de dados de que dispõe para identificar opções que possam aproximá-lo da realização do seu objetivo.

Alguns fatos fundamentais associados ao subconsciente que podem ser aproveitados para que se pense de modo proativo são apresentados a seguir. Esses fatos vão ajudá-lo a orientar de modo intencional seus padrões de pensamento na direção apropriada assim que você começar a seguir a fórmula de sucesso de três etapas, que é descrita mais adiante.

❖ O poder da repetição

Pesquisas impressionantes em neurociências revelam que o nosso cérebro tem um sistema interno de limpeza de dados obsoletos nele armazenados. Durante o processo biológico chamado poda sináptica, células gliais do cérebro identificam redes neurais menos usadas com o objetivo de eliminá-las. Desse modo, podemos apagar pensamentos negativos associados a uma experiência traumática se não lhe dermos atenção durante alguns dias. O contrário também acontece, ou seja, pensamentos e ações repetitivos fortalecem as conexões neurais correspondentes. Isso quer dizer que você pode construir mais conexões neurais que levam a pensamentos e resultados positivos. Então, em vez de ficar se lembrando de uma briga com alguém no trânsito, procure se lembrar de um jantar de sábado à noite com sua esposa, por exemplo.

Talvez esse esforço seja difícil no início, mas você pode desenvolver o hábito de pensar de maneira otimista. Procure seguir estas três sugestões:

1. Visualize uma placa escrito "PARE" sempre que perceber um pensamento negativo surgindo. Diga "pare" e substitua o pensamento negativo por uma palavra ou uma frase positiva, como, por exemplo, "estou alegre".
2. Sempre que se sentir incapaz de interromper sua tagarelice mental negativa, feche os olhos e respire fundo várias vezes. Se você fizer isso, os pensamentos negativos começarão a se dissipar. Você logo perceberá que pensamentos desse tipo passarão a ocorrer com menos frequência, como se soubessem que essa é uma área de acesso interditada para eles.
3. Você também pode recorrer à distração. Se algo o perturbar com frequência, distraia-se fazendo alguma coisa diferente: ligue para um amigo, assista a um vídeo de comédia, faça alguma tarefa doméstica, brinque com crianças, leia um livro etc.

❖ Incapacidade de diferenciar entre realidade e imaginação

Pesquisas mostram que a atividade elétrica que ocorre no cérebro é a mesma que se verifica quando uma pessoa vive uma situação real e a cria na mente com a imaginação. Em seu estudo sobre imagens mentais, Marc Jeannerod e Jean Decety escreveram: "O mapeamento da atividade cerebral durante a imagética motora revela um padrão de ativação semelhante ao de uma ação executada". Isso significa que um mesmo conjunto de neurônios dispara no cérebro se você de fato viver a realidade ou apenas a imaginar.

Então, por que não aplicar essa característica de indiscriminação da mente subconsciente visualizando suas metas e seus objetivos? Seja um participante ativo na construção de sua vida, em vez de esperar de modo passivo uma reação da mente. O conceito do uso do pensamento para visualização criativa é conhecido como Ensaio Visual-Motor, e será analisado em detalhes no Capítulo 6.

❖ Filtros cerebrais

O Sistema Ativador Reticular (SAR) é uma complexa rede de vias nervosas no tronco cerebral que conecta a medula espinhal com partes do prosencéfalo e do rombencéfalo. Com outras vias bioquímicas, o SAR age como um filtro cerebral para a imensa quantidade de informações recebidas pelo cérebro. Ele ajuda o cérebro a manter-se alerta de modo consciente para receber informações sensoriais. Por exemplo, enquanto você lê este livro, muitos sons e objetos ocupam o espaço em segundo plano, mas o SAR ajuda o cérebro a ignorar essas informações de fundo irrelevantes.

Mas como o cérebro determina a relevância das informações que o bombardeiam? Isso depende do que está armazenado em seu subconsciente (conhecimentos, interesses, crenças, ideias etc.) e do que prevalece em seus pensamentos dominantes. Assuntos em que você mais se concentra têm precedência como dados relevantes a processar. Assim, quando você começa a pensar de modo proativo nos seus objetivos, o SAR absorve informações importantes para esses objetivos com mais frequência. Com a prática, sua atitude de observador proativo orientará o SAR para que ele busque ideias e oportunidades adequadas para o seu crescimento. Prestando atenção deliberada nas informações positivas e apropriadas, você será capaz de criar o filtro almejado para o seu cérebro.

Crenças: O seu retrato do mundo

"Suas possibilidades de sucesso em qualquer empreendimento podem ser sempre medidas pela sua crença em si mesmo."
— Robert Collier (escritor)

Em média, seu cérebro pode gerar até 50 mil pensamentos por dia. Desses, 95% se repetem todos os dias. Essa repetição de pensamentos impele seu subconsciente a assimilá-los, desestabilizando a maioria de suas crenças. Um determinado pensamento só tem poder quando você o transforma em crença e o aceita como verdadeiro. Então, ele assume uma posição confortável e permanente em sua mente, até ser substituído por uma nova crença.

Pensamentos repetitivos se tornam CRENÇAS.

↓

Crenças fixam-se no SUBCONSCIENTE.

↓

O CÉREBRO reitera PENSAMENTOS concordes com o que ele crê.

↓

As EMOÇÕES aderem aos pensamentos.

↓

Você realiza AÇÕES.

↓

Ações resultam em HÁBITOS.

↓

Os hábitos determinam a REALIDADE.

Figura 2: Papel das crenças na criação da sua realidade.

As crenças ficam armazenadas em seu subconsciente como um conjunto de fatos, ideias e conhecimentos que o convenceram a respeito da sua percepção da realidade. Mesmo se você inicia uma jornada de pensamento positivo, se a sua crença subjacente for de que não terá sucesso, nenhum volume de pensamentos positivos poderá ajudá-lo. Apenas pensamentos cristalizados em crenças podem se manifestar. O observador só consegue manter o foco total num pensamento em que ele acredita por completo. Se você rezar para ser agraciado com riquezas ou porque tem medo de perder tudo, alcançará apenas o que corresponde às suas crenças, porque cada vez que pensa, fala, escreve, observa, visualiza, reclama, resmunga, se preocupa etc., suas crenças entram em jogo.

A próxima questão a considerar é a seguinte: por que você insiste em recriar as mesmas situações em sua vida quando se trata de emprego, dinheiro, amor etc.? Muitas outras opções estão disponíveis, mas você as ignora. Isso ocorre porque a mente se condiciona a compreender e a acreditar apenas em alguns padrões de crenças consolidados. Com o tempo, suas crenças preexistentes o hipnotizam de tal modo que você se esquece de se esforçar para eliminá-las. Você pode conscientizar-se das suas crenças prestando atenção em seus pensamentos repetitivos. Estar atento e selecionar o que você pensa o ajuda a desenvolver melhores crenças que levam a melhores escolhas e, por fim, a melhores resultados.

Temos um exemplo expressivo de crenças subconscientes na domesticação de um elefante bebê. A perna do elefante bebê é amarrada a um poste com uma corda ou uma corrente reforçada para que ele não fuja. Mesmo esticando toda a corda, o filhote não consegue se soltar. No entanto, quando esse filhote cresce e se torna um gigante de 3 metros de altura, amarrá-lo a um poste se torna totalmente inútil, pois ele pode romper a corda com facilidade, arrancar o poste e destruir o que encontra pela frente. Contudo, a essa altura, não é mais necessário amarrar o elefante. Os treinadores apenas prendem uma corda em torno de suas pernas e o deixam solto. É que o subconsciente do elefante já está programado para "entender" que, enquanto a corda estiver amarrada às suas pernas, ele não poderá ir a lugar algum. Assim, um animal enorme como um elefante é adestrado para não fugir.

Muitas pessoas também se prendem a algumas cordas autossabotadoras, fáceis de romper, se prestarem atenção. Você só pode ter sucesso na aplicação do poder do pensamento se tiver fé inabalável no que pensa. O poder do pensamento será sempre verdadeiro. Se achar que ele está sendo ineficaz, você precisa analisar as suas crenças. O pensamento proativo é eficaz, mas apenas na medida das suas crenças sobre a realização dos seus objetivos. Alcançar algo em que você concentra suas intenções depende da crença que você alimenta sobre o tema em questão. Por isso, é de grande proveito compreender suas crenças sobre dinheiro, amor, carreira etc. antes de aplicar de maneira consciente o poder do pensamento. Suas intenções enquanto observador devem ter alguma substância em si mesmas; não podem ser desejos e devaneios vagos ou fictícios.

No Capítulo 2, falamos sobre o efeito placebo. É um ótimo exemplo do impacto das crenças no corpo. Se sua mente diz aos trilhões de células em seu corpo que elas não podem ser curadas depois de uma lesão, que mensagem você acha que essas minúsculas estruturas recebem? A mente irá adaptar todos os processos do corpo para corresponder às suas crenças. É assim que funciona.

Do mesmo modo, as orações são belos exemplos de crenças. Quando reza, você acredita totalmente que algum poder supremo cuidará dos seus desejos. Essa crença verdadeira leva a pensamentos corretos, que levam a ações corretas e, assim, à consecução dos seus objetivos.

Resultados de algumas pesquisas

- Um famoso estudo conduzido na Universidade Harvard por A. J. Crum e E. J. Langer mostrou de que modo nossas crenças exercem um controle imenso sobre nossa mente. Nesse estudo, uma equipe de funcionários de um hotel foi informada de que seu trabalho diário proporcionava uma carga de exercícios físicos necessários para que esses funcionários tivessem um estilo de vida saudável. Um grupo de controle, que não recebeu essas informações, também foi acompanhado durante um mês. Comparado com o grupo de controle, o grupo "informado" "[...] apresentou redução de peso, da pressão arterial, da gordura corporal, da relação cintura-quadril e do índice de massa corporal". Esse experimento provou que as crenças e os pensamentos de um indivíduo podem afetar de modo significativo sua saúde e seu corpo.
- Uma revisão de M. R. Asha e seus colaboradores (em 2009) levou a concluir-se que as crenças são estímulos recebidos como informações confiáveis e que são responsáveis pelo julgamento moral, pela tomada de decisões, pelo surgimento de sintomas psicopatológicos, por avaliações cognitivas e emocionais, pela dependência química e por reações defensivas normais persistentes.

- Em uma pesquisa de 2013 sobre o uso do efeito placebo para melhorar o desempenho cognitivo da mente, os psicólogos e pesquisadores U. W. Eger e S. Loughnan escreveram: "As pessoas têm recursos psicológicos significativos para melhorar seu bem-estar e seu desempenho, mas, muitas vezes, esses recursos não são usados e poderiam ser mais bem aproveitados".

Seus pensamentos podem não corresponder à verdade; podem, inclusive, apresentar várias versões da verdade em que você acredita no âmbito subconsciente. Se você pretende mudar seus padrões de pensamento, precisa mudar o que já ocupa a sua mente. Você precisa apagar o seu quadro-negro mental antes de escrever algo novo. Assim, é essencial mudar o padrão de suas crenças impressas em seu subconsciente. Com esse objetivo, a seção a seguir aborda modos de identificar a origem das nossas crenças negativas para, então, dar-lhes uma nova configuração.

Origem das suas crenças

"As nossas crenças sobre o mundo e os nossos sistemas de atuação no mundo são implantados em nós por meio do fluxo e do avanço cultural da mente das pessoas que nos rodeiam e do nosso cérebro infantil."
— Vishen Lakhiani (empresário)

Quem lhe diz o que é sucesso, como ganhar dinheiro, como ficar bonito, por que ter um emprego das 9h às 17h, quando conquistar um diploma universitário, por que um negócio é arriscado, de quanto deve ser o seu contracheque, o que é melhor para você, o que deve constar da sua lista de desejos, entre outras coisas? São muitos os porquês, os "comos" e os quês na vida! Você recebe informações para todas as áreas da sua vida das mais diversas fontes: sociedade, religião, cultura, família, professores, amigos, notícias, meio ambiente, livros etc. Você vai acumulando essas informações na forma de pensamentos e depois de crenças durante toda a sua vida. No entanto, o período mais importante em que absorve essas crenças como uma esponja é a infância. É nessa fase que você implanta com rapidez essas experiências e informações em sua mente sem avaliá-las de modo consciente.

O seu aprendizado diário com as pessoas e o ambiente ao seu redor é necessário porque forma a base da sua sobrevivência. Mas nem tudo o que você aprende é verdadeiro. Nem tudo o que foi introduzido em sua mente está correto. As condições em que você foi criado e as experiências que vive deixam uma forte impressão em sua mente com relação ao sucesso.

As crenças também são transmitidas de uma geração a outra na forma de hábitos, conhecimento e senso comum. A doutrinação infantil é inevitável. Desde que nasceu, você recebeu orientações dos seus pais; depois, dos seus professores, orientadores e assim por diante. Sem dúvida, a experiência deles é de grande ajuda, mas também pode limitar suas possibilidades de testar novos modos de vida. A pessoa que você autoriza a orientá-lo pode lhe transmitir apenas as crenças que ela própria cultiva.

Exemplos de como conversas e experiências da infância com a família podem resultar em uma crença de autoestima profundamente arraigada em uma pessoa.

* Você se lembra daquela vez em que seu filho chegou correndo, todo animado, para lhe mostrar a estrela desenhada pela professora no caderno de exercícios em reconhecimento à qualidade das lições de casa? Em vez de elogiá-lo, sua resposta foi: "Na próxima vez, quero que você receba três estrelas, como seu amigo Rafael".
* Um dia, sua filha tentou calçar os sapatos sozinha na saída para a escola. Quando terminou, você notou que ela havia trocado os pés. Chateada com as tarefas da manhã, você gritou com ela, perguntando como era possível que ainda não conseguisse calçar os sapatos direito depois de tê-la ensinado tantas vezes.

Se episódios assim se repetem com frequência, o que você acha que esses comportamentos farão com a autoestima do seu filho ou de sua filha? Muito jovens para entender qualquer coisa que seja, acreditarão nos sussurros de sua mente imatura dizendo-lhes "Valho menos que meu amigo!" ou "Não consigo fazer as coisas do jeito certo!". Muitos casos assim criam confusão e desordem na mente infantil, afetando seu ego e distorcendo seu senso de confiança, lealdade, compaixão, bondade, tranquilidade, sinceridade e autocontrole. Como mãe, compreendo que lidar com filhos pode ser uma tarefa árdua, sobretudo quando também trabalhamos fora ou temos tarefas diárias que nos ocupam o dia inteiro. Esforce-se, porém, para não transformar seus filhos numa caixa insípida onde você despeja todas as frustrações e ressentimentos do seu dia.

Os pais, muito entretidos com seus *laptops* e iPhones, esquecem-se de que, de modo inconsciente, podem incutir nos filhos a crença de que não merecem a devida atenção. Com o tempo, eles se esquecem de eventos ou experiências assim. No entanto, as repercussões que deixam em sua mente e na mente do filho permanecem em forma de crença até que outra crença a substitua.

Na maioria das vezes, você sequer sabe por que uma determinada crença inibidora se desenvolveu ou por que você continua tendo uma reação negativa a uma situação em particular. Em geral, a internalização de crenças é um processo inconsciente. Aos poucos, essas crenças errôneas e duvidosas começam a governar a sua vida. A orientação da sociedade e da família é muito importante para o desenvolvimento geral da personalidade de um indivíduo, mas, muitas vezes, essa orientação se transforma em regras que ninguém pode quebrar. Você fica preso nesse pensamento limitante e deixa de seguir seus sonhos. Como esperar que uma flor desabroche quando as sementes estão defeituosas?

À medida que cresce, você começa a questionar algumas crenças, mas continua absorvendo o que lhe aparece. Às vezes, você sabe que aquilo que lhe disseram é mentira, mas não tem certeza de que pode ou deve questionar o que ouviu porque não quer ser rejeitado. A necessidade de se sentir parte de um grupo leva-o a aceitar com facilidade essas crenças indesejadas, num processo de compra e de venda a si mesmo das opiniões alheias. Em seu livro

The Four Agreements (Os Quatro Compromissos), Don Miguel Ruiz diz: "O medo de sermos rejeitados torna-se o medo de não sermos bons o suficiente. Mais tarde, nos tornamos alguém que não somos. Tornamo-nos uma cópia das crenças da mamãe, do papai, da sociedade e da religião".

Verdade absoluta e verdade relativa

> "Escolha crenças que sirvam para sua alma - escolha crenças que correspondam ao sonho mais grandioso de quem você resolveu ser."
> — Joy Page (atriz)

Antes de tomar uma decisão, defina o que o estimula – uma verdade absoluta ou uma verdade relativa? Uma crença universal ou individual? Você precisa verificar se os seus objetivos são de fato seus ou se lhe foram impostos como regra de vida. Além disso, é importante tentar descobrir se existem maneiras diferentes e dignas de alcançar seus objetivos, em vez de seguir um caminho rígido e obsoleto para o sucesso, definido por outros seres humanos.

Você sempre encontrará pessoas que lhe dirão que é impossível realizar seus sonhos e suas ambições. Elas mencionarão todas as barreiras e os obstáculos interpostos no caminho do seu sucesso e raramente dirão: "Sim, você conseguirá fazer isso! Vá em frente!". Você já pensou no motivo que leva as pessoas a fazer isso? É porque é fácil ser negativo. É fácil criar atalhos, promover crenças negativas, sentir ciúmes, ficar impaciente e irritar-se. No entanto, é preciso esforço para manter-se calmo e solidário. A evolução programou nosso cérebro para evitar riscos e não ousar demais. Embora não precisemos hoje fugir de tigres à espreita na floresta, esse nosso cérebro primitivo ainda tem medo de qualquer situação que pareça insegura e perigosa. Por outro lado, a felicidade é uma emoção resistente e forte. Explico-me. Tente reclamar, irritar-se e falar mal de alguma coisa ou de alguém por cinco minutos. Depois, assista a um vídeo cômico por cinco minutos. Qual das duas situações é mais difícil?

Consideremos o papel das crenças com estes exemplos:

* Yash vem de uma condição financeira desfavorável. O medo visceral que sente de não ter dinheiro suficiente impede-o de abrir sua própria empresa de marketing. Se Yash tivesse coragem de explorar a diversidade de opções de ajuda financeira disponíveis no momento, provavelmente, conseguiria realizar seus sonhos e suas aspirações.
* Sana tem um histórico familiar de diabetes. O estresse e o fato de saber que o diabetes pode ser hereditário a deixam suscetível à doença (efeito nocebo). Hoje, graças aos estudos na área da epigenética, os cientistas conseguem provar que uma pessoa pode ter total controle sobre a expressão dos seus genes. Mudando seus pensamentos e as circunstâncias ambientais, a pessoa pode controlar suas características genéticas. Assim, alimentando a mente com pensamentos positivos e o corpo com uma dieta e um ambiente saudáveis, é possível reverter o processo de mal-estar físico e emocional.
* Quase todos nós conhecemos alguma pessoa tetraplégica ou alguém com alguma deficiência física que consegue

executar tarefas como qualquer outro ser humano. Essas pessoas conseguem escrever, pintar, caminhar e realizar diversas formas de esforços regulares e criativos. Isso acontece porque elas superaram as crenças relacionadas ao que a ciência médica lhes disse e procuraram vencer suas dificuldades por meio de novas crenças, estimulando outros órgãos a trabalhar para elas. No Livro de Recordes Guinness (Guinness World Records), encontramos várias histórias de pessoas que são capazes de puxar um avião ou um veículo pesado como um caminhão com o dedo mínimo ou o bigode. Como você acha que elas conseguem esses feitos extraordinários? Claro, praticando fisicamente, mas também treinando a mente de um modo diferente da maioria das pessoas. Elas incutem no cérebro a crença de que seus músculos são capazes de levantar ou puxar esses pesos excepcionais.

Os pensamentos negativos decorrentes de crenças proeminentes tornam-se bloqueios de energia prejudiciais que o impedem de viver seus sonhos. Há uma grande variedade de medos dentro de você – por exemplo, falar em público, iniciar o próprio negócio, pedir uma promoção, perseguir suas aspirações íntimas, viajar pelo mundo, propor um encontro a alguém, escrever um livro, aprender a tocar um instrumento musical, associar-se a um clube esportivo etc. – porque seus pensamentos dominantes são "É muito difícil conseguir!", "Eu não mereço!", "É uma decisão muito séria!", "Não tenho dinheiro suficiente!", "É tarde demais!" etc. Por isso, é importante prestar atenção no que você diz. As palavras se imprimem em sua mente e saem como pensamentos. O diálogo interno negativo fortalece suas crenças com os pensamentos repetitivos que ele reproduz. Sua mente considera como verdade o que você diz a si mesmo a respeito de sua personalidade e de suas experiências. Forma-se um círculo de negatividade em que os seus pensamentos levam a crenças que levam ao diálogo interno negativo, que, por sua vez, fortalece suas crenças. Não queira encontrar consolo falando sobre suas falhas, seus defeitos ou fracassos. Se você não os deseja, não há motivo para falar deles!

Os limites que você se impõe na forma de crenças o impelem a procrastinar, a criticar as situações, a culpar os outros pelos próprios fracassos, a perder a paciência, à desesperança, à baixa autoestima, ao medo, ao aumento do estresse etc., estados esses que, depois, se transformam em dor física e em várias outras experiências negativas. Você se habitua tanto a um padrão definido de pensamento que, se algo estiver fora da caixa, você o comprime até que caiba na caixa (mente), mesmo que acabe deformando-a.

Veja a seguir algumas áreas comuns em que você tende, com frequência, a formar um falso ponto de vista. Estes são alguns dos muitos mitos que você absorveu durante sua criação ou com base em experiências pessoais.

❖ Amor

Nesta área, alguns mitos relevantes são: o amor verdadeiro não existe; eu não sou bonita o suficiente; o amor sempre acaba fracassando; nunca vou encontrar a minha alma gêmea; quando se deseja um bom parceiro, a beleza é fundamental etc.

Carreira

Quanto à carreira, entre os mitos mais comuns, podemos mencionar: não consigo passar na entrevista porque tenho pouca experiência; há poucas vagas; a concorrência é grande; minha paixão e meu trabalho precisam ser diferentes; meu diploma não me favorece para que eu consiga um bom emprego; não tenho recursos suficientes para aprender essa nova habilidade; não mereço esse emprego; não tenho o devido respaldo para passar no exame; pertenço à classe baixa/média, por isso o mundo é cruel comigo; não consigo preencher as expectativas dos meus pais; com meu QI baixo, não consigo notas boas; minha personalidade prejudica minhas entrevistas etc.

Saúde

Alguns mitos de destaque nesta categoria: a doença é como uma praga na minha família; minha doença é crônica; não consigo recuperar a saúde etc.

Riqueza

Mitos comuns neste setor: os ricos são ricos porque herdaram o que têm, e suas fortunas se devem mais à sorte do que ao trabalho árduo; melhores oportunidades de educação possibilitam maiores riquezas; só é possível

> enriquecer praticando ações condenáveis; sou incapaz de começar um negócio por falta de recursos financeiros; não ganho o suficiente; não tenho dinheiro para comprar um carro; dinheiro não entra com facilidade em minha vida; estou sempre endividado; dinheiro não é importante etc. De um modo curioso, contrariando essas crenças dominantes sobre dinheiro, pesquisas sugerem que 70% a 80% dos ricos são pessoas que construíram seu patrimônio com o próprio esforço. Seus pais não lhes deixaram um império. Seu objetivo inabalável, sua motivação irrefreável e sua paixão inextinguível foram os elementos que os levaram a alcançar o sucesso.

Esses equívocos sobre abundância, amor, saúde e sucesso transformaram sua mente num espaço confinado. Essas crenças são verdades relativas, não absolutas. Elas lhe lembram e fortalecem inaptidões que não existem no mundo real. Enquanto você não extirpar da sua mente crenças nocivas dessa natureza, todas as suas desesperadas tentativas de sucesso irão parar no depósito de lixo. Se continuar como presa e vítima delas, você atrairá mais pensamentos, mais pessoas e mais situações semelhantes que resultarão em desalento e prostração ainda maiores.

Depois de refletir sobre o que leu agora, você pode fazer o seguinte exercício:

Classifique sua vida de acordo com as seguintes áreas: vida amorosa, relações familiares, paternidade, vida intelectual, vida social, saúde, educação, finanças, carreira, personalidade, qualidade de vida e vida espiritual. Abaixo de cada área, relacione as crenças que o têm impedido de se destacar nesse determinado aspecto de sua vida. Em seguida, escreva uma nova crença que você se propõe a desenvolver para anular a crença limitante. Essa análise o ajudará a formular afirmações e planos de ação para um crescimento saudável.

A construção de um sistema de crenças

"Seja arrojado na busca do que incendeia a sua alma."
— Jennifer Lee (roteirista)

Conta-se que Napoleão Bonaparte, quando criança, recebeu uma safira vermelha junto à recomendação de que cuidasse muito bem dela porque quem a possuísse se tornaria imperador da França. Napoleão transformou essa profecia numa crença inabalável sobre seu potencial para ser imperador – e, como todos nós sabemos, a profecia acabou se realizando. Aquela safira era sobrenatural? Não, mas os pensamentos gerados por sua posse tiveram o poder de mudar o destino de Napoleão.

Não deixe que experiências inoportunas do passado perturbem o poder do seu pensamento. Enquanto você não mudar a faixa do *pendrive* (crenças), o MP3 (mente) continuará tocando a mesma música (pensamento). Quando criança, você teimava e batia o pé até conseguir um doce, não? Ao amadurecer, porém, você começou a ceder e ser mais flexível. Esse hábito afeta todas as facetas da nossa vida.

Passando para outro exercício, componha uma lista de objetivos, sem subestimar o poder dos seus pensamentos. Quando estes forem resistentes como uma árvore sólida, com suas raízes penetrando nas profundezas da sua mente, tempestades avassaladoras de pessimismo não conseguirão atingi-lo.

Mude suas CRENÇAS

↓

OBJETIVOS e crenças se harmonizam

↓

PENSAMENTOS se orientam para os objetivos

↓

Cria-se a REALIDADE desejada

Figura 3: Novas crenças geram uma nova realidade.

Você precisa romper as cordas que o estrangulam e o impedem de respirar com liberdade o ar da esperança e de uma mentalidade positiva. Pouco a pouco, esvazie sua mente de toda energia indesejada e disponha-se a abri-la para uma nova perspectiva. Então, você perceberá que há possibilidades incontáveis se descortinando à sua frente. Se alguém lhe disser, por exemplo, "Isso não é possível!", corra na direção oposta e encontre uma possibilidade diferente.

Muitas vezes, você discute seus objetivos com a família e os amigos, mas não alcança os resultados esperados porque, até certo ponto, mantém os mesmos comportamentos que impedem a mudança desejada. A fórmula de sucesso de três etapas abordada no próximo capítulo lhe apresentará maneiras úteis de aplicar o poder do pensamento, tornando-o um observador e um pensador proativo.

Antes disso, porém, é importante eliminar seus mitos sobre sucesso e felicidade. Para assumir uma nova atitude positiva, você precisará limpar a lousa da sua mente. Então, ocupemos um pouco de tempo para desfazer todos os equívocos que o seu subconsciente veio acumulando desde a infância. Persistir em alguma coisa sem acreditar de verdade nela é pura perda de tempo, pois, se isso acontecer, suas afirmações e suas visualizações estarão na contramão dos seus objetivos.

Como animal social, você vive cada um dos seus dias movido pela fé, seja em um poder supremo, em sua família, no governo etc. Essa fé o ajuda a sobreviver. No entanto, se começar a viver com fé em si mesmo, você não apenas sobreviverá como também viverá a melhor vida possível. As crenças apoiadoras são a espinha dorsal dos pensamentos que alimentam a alma.

Vejamos, a seguir, algumas atitudes que favorecem o desenvolvimento de crenças para fortalecer seus objetivos.

❖ Entendendo as origens da sua crença

Ao detectar suas dúvidas, ao reconhecer sua culpa, sua carência, seus medos, sua raiva, seus ressentimentos, sua frustração ou qualquer emoção negativa de que seja prisioneiro, recolha-se por alguns instantes e procure identificar a causa que dá origem a esses sentimentos. Por exemplo, algum trauma do passado, uma crise familiar, metas não realizadas, falta de educação, traição, perda de um relacionamento amoroso, entre outras coisas, podem nos levar a pensamentos negativos que alimentam nossa mente subconsciente. Quando se defrontar com alguma dessas situações, se não tomar consciência dela, sua mente irá desencadear pensamentos e emoções semelhantes. Identifique seus medos e suas dúvidas e verifique se resultam de crenças internas ou de circunstâncias externas. Identificando e remodelando uma crença negativa, você gera pensamentos desejados e uma confiança plena de que é possível alcançar seus objetivos. Essa renovada confiança irá tomar conta de você.

Em algum momento, consciente das suas crenças enganosas, você pode optar por acreditar em algo novo sobre si mesmo. Você sempre pode escolher uma crença mais fortalecedora do que aquela em que acreditava minutos antes. A princípio, o cérebro tentará demovê-lo de toda nova crença que você queira incutir-lhe. Será necessário fazer esforços para trazer à luz aquela criança repleta de medos e culpas que você esconde dentro de si. A cada dia, permita-se viver uma vida melhor do que a do dia anterior. O passado é sempre uma versão antiga de você. No entanto, hoje, você pode escolher criar um *você* melhor... um *novo você*. A cada dia, você renasce para centenas de novas perspectivas e novas ideias para viver uma vida personificada.

❖ Não julgue

Você julga o que uma mulher deve fazer na sociedade? Você julga qual deve ser a sua função no emprego atual? Se a resposta for afirmativa, você está impondo limites às suas opiniões. Opiniões indesejadas não devem ser dadas nem aceitas. Não participe de discussões que envolvam julgamento sobre algo ou alguém. Dê a si mesmo e aos outros uma oportunidade de crescer e prosperar neste mundo.

Esta é uma das coisas mais importantes que você pode fazer para mudar seu sistema de crenças. Abra-se a novos conhecimentos, novas pessoas, novas culturas e novas maneiras de fazer as coisas. Quando começa a pensar que o seu conhecimento atual é a única saída, de imediato, você ignora todos os demais caminhos fáceis ou benéficos que podem ajudá-lo. Respeite as diferenças e possibilidades que existem neste mundo. Uma mente flexível, com mentalidade de crescimento e desenvolvimento, cultivará crenças voltadas para conquistas.

❖ Pense com a mente livre

Deixe de dizer a si mesmo coisas como "Não dá para fazer isto!", "Essas coisas sempre acontecem comigo!", "A vida não me poupa!", "É muito difícil para mim!", "Puxei isso da minha família!" e assim por diante. Em vez de dizer "É assim que as coisas são!", analise as razões pelas quais a situação se apresenta deste ou daquele modo. Transigências como essas só acrescentarão frustração e desafios em todas as dimensões da sua vida.

Considere o seguinte cenário. Ravi e Ali são dois amigos com condições financeiras adversas. Ambos sonham em ter um negócio próprio. Ravi vive numa bolha de crenças negativas que não cessam de lhe sussurrar: "Pessoas como eu, com um modesto diploma universitário e praticamente sem dinheiro para sobreviver, não devem alimentar sonhos que só ricos podem ter!". Ali, por outro lado, insiste em dizer a Ravi que, com uma atitude positiva e decisões acertadas, eles podem montar uma empresa. Infelizmente, a visão de Ravi em relação ao dinheiro, à pobreza, à educação e ao lucro é tão pessimista que, mesmo diante das convicções de Ali, ele é incapaz de reavaliar suas crenças distorcidas. Dez anos depois, Ali se tornou proprietário de uma empresa de sucesso no setor têxtil e Ravi ainda trabalha em dois ou três empregos de meio período para pagar as contas.

Em *Rich Dad Poor Dad* (Pai Rico, Pai Pobre), um livro que de fato me inspirou a pensar fora da caixa, o autor, Robert Kiyosaki, faz uma descrição reveladora das crenças predominantes sobre dinheiro em nossa sociedade. Ele escreve: "'Não consigo pagar' bloqueia o seu cérebro. 'Como posso pagar?' descerra possibilidades, entusiasmo e sonhos". Com o farol da abundância iluminando o seu caminho, você elimina todas as cargas negativas da carência.

Muitas vezes, limitamos nosso potencial comparando--nos com os outros. É comum as pessoas manterem esta conversa consigo mesmas:

- “Se o meu próprio irmão teve de fechar a empresa, como você acha que eu posso me dar bem?” Com essas palavras, você está dizendo que é menos que seu irmão, já que ele é mais experiente que você.
- “Lila está em férias na Grécia; pudera, ela tem um marido rico.” Ao dizer isso, de modo inconsciente você fixa em sua mente um limite relacionado à riqueza, indicando que nunca conseguirá ter dinheiro suficiente para gozar férias no exterior.

Comparações com outros baseadas no bem-estar, no histórico familiar, na inteligência etc., devem preservar um limite saudável que o inspire a fazer mais. As pessoas que alcançaram o que você almeja devem ser vistas como modelos ou apenas como fontes de inspiração. Elas não devem ser uma pedra no seu caminho, na qual você possa tropeçar e cair. Todos nós somos feitos da mesma substância: energia. A diferença não está na sua constituição fundamental, mas na sua mente. Comparando-se com os outros, você ofusca seu brilho. Resplandeça com seu próprio brilho.

❖ Mantenha uma atitude otimista

Você não pode impedir que todos os eventos ocorram só porque desconhece a razão oculta por trás deles. No entanto, sem dúvida, você pode escolher o que deseja interpretar e inserir em sua mente com base em um determinado evento. Se está muito ansioso para extrair sentido de uma experiência, escolha a crença certa. Condicione a mente a perceber os aspectos positivos.

Por exemplo, se cresceu num lar em que seus pais não se entendiam, você tem duas maneiras de interpretar esse cenário para imprimir uma crença em sua mente. Pelo que viveu, sua opinião sobre casamentos pode ser: "Relacionamentos e casamentos não resolvem nada; nunca vou cair nessa armadilha!". Ou, então, "Vou aprender com o erro dos meus pais e encontrar um cônjuge maravilhoso, pois nem todos os casamentos acabam em tamanha turbulência!". Qual das situações você acha que proporcionará uma vida conjugal feliz?

Não seja um crítico superficial assistindo a notícias deprimentes de guerras, acidentes, roubos etc. Ou você desenvolve a capacidade de ajudar a libertar o mundo dos seus problemas ou, então, assume consigo mesmo o compromisso de não os discutir e os intensificar com sua constante energia negativa. Do contrário, você só alimentará sua mente com pensamentos negativos do tipo "Como o mundo é sombrio e deprimente!". De modo inconsciente, você está assumindo a crença de que este mundo está tão repleto de problemas e dificuldades que lhe será praticamente impossível sobreviver nele.

Vença o medo da solidão

“O que as pessoas vão dizer?” Essa pergunta reflete um dos maiores medos das pessoas em todo o mundo. Muitas pessoas vivem uma vida rasa, comum, sem sentido, apenas porque temem ser criticadas. A crença de que ações ousadas voltadas para seus objetivos atraem desaprovação e insultos cortou suas asas. Se não estiver prejudicando ninguém em seu processo de desenvolvimento, você está livre para seguir em frente.

Se você acreditar que não merece uma promoção, nunca terá coragem de pedi-la. Se não dá ao seu chefe a oportunidade de reconhecer os seus esforços para alcançar os objetivos da empresa, como pode esperar ser promovido? Rasgue o tecido da ilusão e lute pela realidade que você acredita que merece.

É hoje o dia em que você pode provocar uma mudança. Do contrário, quando envelhecer e estiver em seu leito de morte, de nada adiantará lamentar e arrepender-se de não ter sido reconhecido. Espero que isso não aconteça. Deixe seu eu interior guiá-lo para que possa brilhar neste mundo. Sonhe grande com uma mente aberta. Só você pode definir o seu verdadeiro valor. Não se julgue por meio da lente alheia. A partir do momento em que você reunir a coragem de ser fiel a si mesmo, ninguém será capaz de detê-lo. Crie o seu cotidiano do seu jeito. Comece a agir para remodelar sua vida, em vez de reagir ao que a vida oferece.

❖ Realização da abundância

A energia do Universo não é uma força-tarefa de gestão de desastres com estoques de alimentos e recursos financeiros limitados. Ninguém jamais terá escassez de alegria só porque outras pessoas pediram um quinhão maior ao Universo. Como o pensamento depende de você, só você pode decidir quanta abundância merece em sua vida. A energia universal é abundante para todos – ela quer a sua prosperidade. Não tema que, ao terminar seu curso, seu diploma não tenha seu valor reconhecido, nem pense que, se estiver em férias no Natal, todas as boas ofertas de viagem estarão esgotadas. Todas as possibilidades são promissoras.

A verdadeira natureza da vida é o progresso, a satisfação e a felicidade em fluxo livre. Não há nada de errado em aspirar a grandes conquistas e realizações na vida. Não é egoísmo desejar ganhar dinheiro a mais, sair de férias, comprar um carro grande ou ter um estilo de vida confortável. Enquanto seus desejos estiverem em harmonia com a natureza, não há o que temer. Este é um jogo em que todos ganham. Não há necessidade de competição injusta, inveja, ganância, traição ou culpa.

❖ Livre-se da crença "Meu destino está traçado"

O destino é um bloqueio que você mesmo ou a sociedade impôs sobre você. Ele não é responsável pela sua doença ou pela sua pobreza. Quando não assume o controle das coisas, você acusa o destino. A essa atitude dá-se o nome de mentalidade de vítima. Como você tem o domínio sobre seus pensamentos, o destino está sob o seu controle. Nada está predefinido; é você quem define tudo todos os dias ao percorrer a órbita dos seus pensamentos. Todas as experiências da vida são o resultado dos seus padrões de pensamento; portanto, é inútil querer culpar os outros. No final das contas, é você que vive em turbulência, culpando os outros.

Por que você pensa que só encontra pela frente conflitos e labutas? Apenas porque nasceu com esse destino? Não. Mesmo que venha de uma família carente no âmbito financeiro, você é único. Você não é o que a sua família é. Bill Gates disse, certa vez: "Se você nasce pobre, não é um erro seu. Mas se você morre pobre, o erro é seu!".

Em psicologia pessoal, "lócus de controle" é a crença de não poder ou não ter controle sobre a própria vida, em oposição a forças e eventos externos impossíveis de controlar. A expansão de seu lócus de controle lhe dá condições de abandonar a mentalidade de vítima. Dê início à jornada da autodestruição à autocriação. Quaisquer que sejam seus desejos internos, traga-os do fundo para a superfície da sua mente; não os deixe sufocar e morrer. Você é um observador – pense e crie! Você é vida, e a vida está a seu favor, não contra você.

Agora que você compreendeu a relação entre suas crenças e seus pensamentos e entendeu como essa relação é fundamental para que você assuma a responsabilidade pelo seu cotidiano, vejamos a seguir de que modo suas emoções alimentam seus pensamentos e, por conseguinte, sua vida.

Pensamentos e emoções

"Seja feliz agora. Agora é a sua vida."
— Omar Khayyam (filósofo)

Neste ponto, você sabe muito bem que o pensamento consciente é fundamental para termos uma vida plena. É impossível controlar 50 mil pensamentos diários, mas como 95% deles são repetitivos, o controle se torna viável. Suas emoções desempenham um papel de suma importância neste contexto. Emoções são respostas bioquímicas geradas pelo cérebro durante uma experiência; sentimentos são reações conscientes às emoções. Uma mesma situação pode despertar sentimentos diferentes em diferentes indivíduos. Do total de 34 mil emoções, percebemos apenas dez ou doze por dia!

Identificar os pensamentos que passam pela sua mente em um determinado momento é mais difícil que reconhecer o sentimento gerado por eles. Os autores Esther e Jerry Hicks chamam essa percepção de Sistema de Orientação Emocional. Mantendo uma vigilância cerrada sobre seus sentimentos, você consegue acompanhar de perto seus pensamentos. Essa providência é extremamente importante se você quer empreender uma jornada de aperfeiçoamento pessoal.

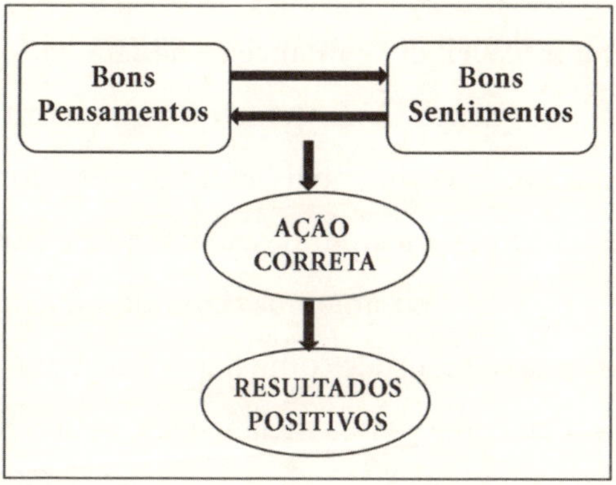

Figura 4: Papel das emoções na criação da realidade.

Se você se sente deprimido, pode reconstituir a situação geradora para identificar a crença ou o pensamento por trás desse sentimento. Assim, você pode controlar os pensamentos pessimistas que invadem sua mente. Se está triste por não ter recursos suficientes para a educação do seu filho, precisa tomar consciência desse estado emocional e redirecionar seus pensamentos. Pensamentos de "escassez" não atraem abundância para sua vida ou para a vida do seu filho.

Preste atenção nos sentimentos ao longo do seu dia. Não deixe que a rotina diária ou as circunstâncias perturbem seu estado de espírito e lhe provoquem raiva ou irritação. Mantenha uma disposição calma e controlada. Quando um pensamento se associa a uma emoção, a mente facilmente o transforma em crença. Assim, as emoções que agregamos às nossas experiências tornam-se um tema merecedor de muita reflexão. Você atrai tudo o que ama ou odeia, e também tudo aquilo em que confia ou de que tem medo.

Abusos na infância, crise financeira na família, problemas de saúde crônicos ou graves de um ente querido, baixa autoestima, relacionamento tóxico entre os pais, entre outros fatores, são algumas das muitas experiências indesejadas que de algum modo "emocionalizam" seus pensamentos, fazendo com que qualquer pensamento negativo se instale como hábito. De um modo inconsciente, você se torna uma pessoa melancólica, triste, chata, irritada, deprimida e amargurada. Sempre que perceber um sentimento ruim começando a prender-se à sua personalidade, reconstitua o contexto todo e descubra a causa.

Se aprender a prestar atenção em suas emoções e usá-las para orientar seu pensamento e seu comportamento, você dominará um traço psicológico muito necessário para viver uma vida de sucesso – a Inteligência Emocional (IE). Bons sentimentos o estimulam a realizar ações elevadas, que, por sua vez, resultam em bons pensamentos. Quando seus sentimentos e seus pensamentos estão em sincronia com seus objetivos, ninguém consegue detê-lo. Prestando atenção em seus sentimentos, você entra na zona de energia correta. Aplique sua vontade para ajustar seu foco. Para controlar quaisquer emoções indesejadas, você pode adotar as mesmas três formas usadas para deter pensamentos negativos. (Descritas na seção "O Poder da Repetição".)

Outras atitudes que podem ajudá-lo a alcançar um estado emocional prazeroso são as seguintes:

- Ignore situações e acontecimentos negativos ao seu redor.
- Evite pessoas pessimistas em relação à vida.
- Seja amigo de pessoas com objetivos semelhantes aos seus.
- Associe-se a pessoas que já têm o que você deseja.
- Identifique a sua paixão.
- Cultive algum hábito positivo, como manter um jardim, tocar um instrumento musical, pintar etc.
- Leia artigos e livros inspiradores e assista a vídeos e filmes que elevem o espírito.
- Assista a bons programas na televisão e na internet, que o deixem animado, satisfeito, feliz.
- Passe o tempo que puder com crianças.
- Passeie em meio à natureza.
- Medite todos os dias durante alguns minutos.
- Fique algum tempo sozinho para analisar seu plano de ação diário e seus objetivos em longo prazo.
- Valorize os outros sempre que possível.
- Seja agradecido por todas as coisas boas em sua vida.
- Pratique o perdão.
- Ajude alguém de modo desinteressado.

Sentimentos de amor, alegria, prazer, satisfação, abundância, realização, gratidão e bondade vão sintonizá-lo na mesma frequência das suas intenções, acelerando, assim, o processo de manifestação. Por isso, pense com sabedoria e oriente suas emoções. Nunca é tarde demais para tomar uma atitude em sua vida. Nunca é tarde demais para voltar a ser feliz.

Algumas pesquisas

Segundo a Teoria da Ampliação e da Construção das Emoções Positivas, enunciada pela psicóloga Barbara Lee Fredrickson, as emoções positivas não se limitam a produzir um sorriso no rosto. O conceito "ampliar e construir" define que as emoções positivas expandem a consciência, os pensamentos, as ações, os recursos e outras reações positivas. Em seu consagrado artigo de 2004, a dra. Fredrickson concluiu que:

- As emoções positivas ampliam os repertórios de pensamento-ação.
- As emoções positivas revertem as emoções negativas persistentes.
- As emoções positivas reforçam a resiliência psicológica.
- As emoções positivas desenvolvem recursos pessoais.
- As emoções positivas promovem o bem-estar psicológico e físico.

A mitologia hindu contém muitas histórias sobre *Kalpvriksha*, a árvore que realiza desejos. Esta árvore tinha o poder de satisfazer os desejos das pessoas. Com esses novos conhecimentos sobre a sua mente, permita que tudo isso se torne a *Kalpvriksha* da sua vida.

A seguir, vamos dirigir a nossa atenção ao último passo na direção da remodelação dos seus padrões de pensamento – a fórmula de sucesso de três etapas.

Capítulo 4

Liberando o poder dos seus pensamentos

"A essência da magia se resume à aplicação de duas habilidades mentais comuns: a atenção e a intenção. A força do resultado mágico é modulada por quatro fatores: crença, imaginação, emoção e clareza."
— Dean Radin (cientista)

Pode parecer clichê, mas a verdade é que todas as invenções que conhecemos já foram um pensamento na mente de um sonhador. Quando você olha ao seu redor, tudo o que vê em seu mundo físico é a manifestação de alguma ideia que se expressou como objeto físico mediante uma série de transformações. Hoje, temos tecnologias para explorar o espaço sideral, tratar doenças graves, viajar no espaço que nos envolve e comunicar-nos com amigos ou familiares a milhares de quilômetros de distância.

Essas invenções que produzem um enorme impacto em nossa vida fluíram dos pensamentos dos seus inventores. O que eles intuíram e imaginaram precedeu a realidade.

Fórmula de Sucesso de Três Etapas

Depois de compreender a teoria do poder dos pensamentos e a ciência e a filosofia que lhe dão sustentação, esta é a pergunta que surge: como você pode usar esse poder de maneira proativa a cada momento? Para isso, os praticantes do poder do pensamento adotam uma eficiente fórmula de sucesso de três etapas (processo PAR – pedir, acreditar, receber) para atrair abundância. Quando seguidas de maneira religiosa, as três etapas o ajudam a otimizar seus pensamentos para que atendam às suas necessidades. Estou muito animada para dividir com você essas informações maravilhosas e transformadoras! O mantra de sucesso para atrair todas as riquezas e a abundância que você almeja é o seguinte:

- ### Pedir (P) com mente aberta

  Pedir é o processo que consiste em *escolher* entre as várias possíveis ondas de energia que podem se transformar em realidade.

- ### Acreditar (A) em si mesmo

  Acreditando, você *esboça* e *amolda* a sua escolha com a ajuda da imaginação.

❖ Receber (R) realizando ações

Recebendo, você *pratica os atos* que irão acelerar a efetivação da sua escolha.

O processo PAR o ajuda a se tornar um observador proativo e lhe possibilita criar, de modo deliberado, a sua realidade. Nas etapas "pedir" e "acreditar", você envia os pensamentos; na etapa receber, você propicia as condições para que seus objetivos se transformem em realidade.

Aspectos a lembrar

Essas etapas de criação são extremamente poderosas. São as chaves para se tornar um "ímã de pensamento". Se usadas com sabedoria, liberam muitas alegrias e muitos momentos maravilhosos que o Universo tem reservado para você. O ritmo para alcançar seus objetivos depende do grau de solicitude com que você pede e acredita receber. O processo de criação retarda se os pensamentos oscilam com facilidade. Se você acolher seus pensamentos com firmeza, perceberá que as mudanças necessárias em sua vida se iniciam bem rápido. Não relute. Esta é a sua vida, e você não deve perder seu tempo, pois os segundos e minutos se transformarão em anos em pouco tempo. Vejamos, a seguir, alguns aspectos a se considerar antes de começarmos.

❖ É diversão, não trabalho

Cada seção inclui exercícios práticos para tornar o processo PAR eficaz. Você deve realizá-los com atitude positiva.

Se os encarar como trabalho, como dever de casa, começarão a pesar, e você os sentirá como uma carga pesada ou um fardo, não como o caminho para alcançar seus objetivos. Tenha sempre em foco o objetivo em si, não a execução. Execute o processo PAR com leveza e alegria.

❖ Fé inabalável no poder do pensamento

O poder do pensamento é eficaz, quer você acredite nele, quer não. Depois de começar a aplicar a fórmula de sucesso de três etapas, algumas perguntas surgirão em sua mente, como, por exemplo, "Como vai ser?" ou "Como isso é possível?". A questão é que não cabe a você responder ao "como". Você deve manter a fé para que seu subconsciente e sua voz interior o orientem para as ações corretas. A fé em seus pensamentos, em seus sentimentos e em suas capacidades irá guiá-lo ao seu destino. Como alguém disse muito bem: "A fé é como um Wi-Fi. É invisível, mas tem o poder de conectá-lo ao que você precisa". Muitas pessoas são incapazes de manifestar a fé porque se concentram demais no "como", e isso gera dúvidas e desespero. Uma atitude cínica obstrui o pensamento direcional; você começa a reagir em vez de agir. Esforços displicentes levam a ações inacabadas que terminam em resultados insatisfatórios. Uma vez, pelo menos, livre-se das dúvidas e das limitações. Defina suas intenções e encontre o seu caminho.

❖ Mudança gradual do padrão de pensamento

Se a sua vida atual é diferente do que você almeja, não espere uma mudança da noite para o dia. Sua mente tem potencial, mas também precisa de prática e tempo. A mudança para um novo padrão de pensamento será gradual, e você deve respeitar esse ritmo. Não deixe que a ansiedade, a hesitação ou o ceticismo se tornem um obstáculo. O processo PAR ajudará a remover crenças indesejadas e firmemente arraigadas e lhe dará uma visão completamente diferente da vida. Esforços graduais e contínuos farão de você um observador proativo. Sempre que der um pequeno passo adiante na jornada do pensamento proativo, você perceberá que há uma mudança para melhor em sua vida.

❖ Fortalecimento do músculo da força de vontade

Se você veio me acompanhando até aqui, isso significa que está disposto a tomar uma atitude em sua vida. Até este ponto, os capítulos giraram em torno de aspectos teóricos. A partir de agora, à medida que você aprender e assimilar o uso direcional do poder do pensamento, será introduzida também uma aplicação prática. Tudo o que aprendeu só será proveitoso se você tiver força de vontade para aplicar esse conhecimento em sua vida diária. Para se manter no caminho correto e ser um pensador proativo, é preciso ter uma vontade férrea e uma determinação inabalável. A motivação pode esmorecer com o tempo; é a autodisciplina que o mantém em movimento. Autodisciplina é fazer a coisa certa, no momento certo e na intensidade certa. O fogo dentro de você deve ser forte o suficiente para sustentá-lo durante as noites frias de inverno.

Depois de executar uma nova tarefa, a mente tende a voltar à sua forma antiga e relaxada. Assim, qualquer novo processo precisa de uma "aderência" sólida – um poder sustentador. Os primeiros dias serão difíceis porque você instigará a mente a fazer algo que ela não tem o hábito de fazer. Quando a mente tagarela der sinais de que está prestes a sucumbir aos pensamentos negativos e a se fazer de vítima, você precisa ser intransigente. Sua vontade deve ser forte o bastante para criar hábitos de pensamento positivo persistentes, em vez de explosões ocasionais desencadeadas pelas situações. O processo PAR deve ser o seu modo de vida. Sua prática será inútil se você meditar durante uma hora e ficar o restante do dia reclamando. A gratidão e a fé não devem ser um comportamento ou um sentimento passageiro, mas um hábito diário. Seus pensamentos devem ser sólidos e orientados para o objetivo.

Seja o que for que venha fazendo até agora, disponha-se a introduzir alterações, adaptações e reformulações que lhe possibilitem acrescentar o processo PAR em sua agenda. Para resultados novos, faz-se necessário um enfoque novo. Então, não procrastine mais; comece hoje mesmo. Cada minuto desperdiçado em dúvidas e preocupações deixa-o um minuto mais longe dos seus sonhos. Por isso, é importante comprometer-se e realizar as práticas com persistência.

❖ Comece aos poucos

Quando começar a criar por meio do processo PAR, defina metas e objetivos executáveis. Logo que você começa a seguir o processo PAR, metas e objetivos exequíveis fortalecem a sua fé. É aconselhável proceder desse modo porque você ainda não cumpriu todo o processo. Se você inicia com alguma meta muito elevada e pouco viável, talvez não a alcance e acabe desanimando. Comece com um objetivo mais simples e fácil de manifestar, de acordo com suas aptidões. Se aplicar a esse objetivo a fórmula de três passos e, assim, atraí-lo, você poderá, com facilidade, confiar em seus pensamentos para alcançar grandes vitórias.

Por exemplo, se o seu objetivo é comprar o modelo mais recente da Mercedes no prazo de dois meses, mas no momento você mal consegue comprar uma moto de segunda mão, será difícil ter o pensamento direcional para comprar um Mercedes. Sua mente, sempre pronta a criar significados, zombará de você. Para evitar isso, ao pedir alguma coisa, comece devagar, aos poucos. Aplique o processo PAR para tarefas diárias simples e problemas que deseja ver de fato resolvidos, como chegar em casa a tempo, encontrar uma vaga no estacionamento, cumprir sua promessa de se exercitar, receber uma ligação de um velho amigo, arranjar tempo para levar os filhos ao parque, curar sua dor de estômago etc. Construa seu reservatório de crenças de acordo com o processo PAR. A crença se torna mais forte quando você satisfaz ao seu eu cético com provas cabais; dúvidas podem sabotar seu processo PAR.

❖ Seja bom, faça o bem

O processo PAR é direcionado ao bem da humanidade. Lembre-se sempre de que seus pensamentos e suas ações carregam uma marca de energia específica. Assim, se usar esse processo de modo indevido e em vista de resultados maldosos, de uma maneira ou de outra, você atrairá essa energia nociva também para a sua vida.

❖ Orientações para a prática

Praticantes do mundo inteiro têm utilizado diferentes métodos para tornar o processo PAR direcionado a resultados. Eu incluí muitas dessas orientações para prática em cada etapa a fim de acelerar o seu processo de manifestação. Algumas delas são muito aplicadas; outras decorrem da minha experiência. Essas orientações constituem uma das melhores maneiras de se tornar um ímã de atração proativa. As cordas da marionete estão em suas mãos... faça-a dançar do jeito que quiser!

No entanto, não se sobrecarregue com a quantidade de indicações apresentadas em cada seção. Comece seguindo algumas delas, ampliando aos poucos. Sugestões de prática são como uma escada que nos ajuda a chegar ao topo. Elas não são o objetivo em si. Sua energia deve atender aos seus objetivos, não ao programa de práticas. Com o tempo, você saberá adaptar essas práticas à sua programação diária.

Lembre-se, a regra incontestável para a vida é esta: sucesso é 80% psicologia e 20% mecânica. Suas crenças e suas emoções impulsionam 80% dos fatores responsáveis pelo sucesso. Suas ações, seus planos e suas estratégias representam apenas 20% dos esforços que o levam aos seus objetivos. Agora que mapeou o terreno, percorra o caminho do pensamento proativo – a aplicação diária consciente do poder do pensamento.

Os próximos capítulos intensificarão ainda mais a associação da sua mente subconsciente a um padrão auspicioso orientado para o desenvolvimento. Recomendo que dedique algum tempo para refletir sobre o que você estudará nos próximos três capítulos.

O seu futuro o espera... Vá em frente e dê-lhe um abraço apertado.

Capítulo 5

"Peça" com mente aberta

"Pedi e vos será dado; buscai e achareis;
batei e vos será aberto."
— Mateus 7,7

A energia do Universo é uma fonte superabundante de felicidade, amor, sabedoria, riqueza, saúde, sucesso, prosperidade e de tudo o que os seres humanos desejam. Portanto, ao pedir, é preciso estabelecer metas e objetivos, e este é o primeiro passo para conseguir o que se almeja. Quando descobre o que deseja de verdade, você ativa todo o enorme potencial dos seus pensamentos. Quando você segue o processo de criação, essa força poderosa emite sinais do que há de se manifestar.

Como observador, pedindo, você define suas expectativas. Sem saber para onde quer ir, desconhecendo o seu destino, como você teria condições de seguir algum caminho? Sem saber qual é a sua intenção, como você a comunicaria com o auxílio dos pensamentos?

Atitude para pedir com eficácia

Seu pensamento, sua intenção, sua atenção e seus sentimentos são elementos constitutivos do poder do pensamento. Ao pedir, você precisa fazê-lo com "sentimento". Sem sentimento, é inútil escrever ou se expressar em voz alta. As sugestões de prática relacionadas a seguir fortalecerão a sua experiência de pedir de maneira eficaz.

❖ Identifique os seus objetivos

Os objetivos podem ser alguma coisa que você deseja com todo o ardor ou algo que seja necessário para uma vida de qualidade. Uma das maiores causas de infelicidade na vida é não alcançar os objetivos almejados. Identificando o vácuo entre a sua vida desejada e a realidade, você tem condições de identificar seus objetivos frustrados.

No capítulo anterior, sobre crenças subconscientes, aprendemos a identificar os obstáculos que impedem o pensamento livre. Então, deve ter compreendido que você também é uma pessoa tão merecedora quanto qualquer outra. Agora, você tem a oportunidade de redimensionar a sua realidade atual e fazer algo para identificar-se com a sua realidade sonhada. Estabeleça objetivos que expandam suas aptidões e não se limitem apenas ao que você é capaz de fazer hoje. Dessa vez, resolva suas dúvidas, abra suas asas e voe alto.

Seus objetivos devem ser benéficos e abrangentes, incluindo os diferentes aspectos de sua vida. Não adianta se destacar apenas ganhando dinheiro, se você tiver uma saúde precária ou vivendo relações familiares tóxicas. Situações como essas tornam a vida incompleta. Neste ponto, listei algumas áreas em que a lacuna entre a realidade e os sonhos pode ser preenchida e a paz de espírito e de alma pode ser alcançada. Seus objetivos também podem estar além dessa lista.

* Relacionamentos: família, amigos, colegas, grupos sociais etc.
* Carreira: conhecimento, educação, criatividade, dinheiro, habilidades, trabalho, negócios etc.
* Ambiente: casa, necessidades, conforto, vizinhança etc.
* Corpo: saúde, condições físicas, alimentação, exercícios etc.
* Mente: consciência intelectual, contribuição para a sociedade etc.
* Alma: consciência espiritual, bem-estar interior etc.
* Virtudes: confiança, honestidade, compaixão, gratidão etc.

Examine essas áreas para encontrar o elo perdido. Identifique as áreas de ressentimentos e melhore-as, incluindo-as em sua lista de objetivos. Sua forte disposição e desejo intenso de alcançar metas e objetivos vão impulsionar e alimentar sua mente para que você os concretize. Uma emoção intensa como a paixão pode concentrar seus pensamentos em suas aspirações e favorecer sua realização. Sem uma verdadeira paixão por seus objetivos, você não conseguirá manter o foco dos pensamentos. Como resultado, seus pensamentos e suas ações não entrarão em sincronia, e isso o levará a retardar o processo de manifestação. Simplificando, se você não desejar o seu objetivo com todas as suas forças, ele não predominará em seus pensamentos e terá muita dificuldade para se manifestar. Então, você começará a pensar que o processo é ineficaz.

Quando deixei meu emprego para encontrar um propósito mais significativo em minha vida, fiquei sem saber o que fazer. Então, por influência dos meus pais, comecei a me preparar para um doutorado. Como eu não tinha paixão suficiente para cursar doutorado na época, mesmo depois de aplicar a fórmula PAR, não investi 100% de mim mesma, apesar de todos os meus esforços. Percebi que seguia na direção errada. Então, mudei o que eu vinha pedindo. Pedi ao Universo que me desse algo que meu coração desejava, algo que me desse paz interior e satisfação. Para minha surpresa, alguns dias depois, brotou em mim um profundo desejo de escrever um livro! A ideia passava pela minha mente com frequência, até que percebi que aquilo era um apelo para que eu acordasse; então, eu tomei coragem para transformá-lo em realidade.

Mas não se apresse. Dedique uma semana a compreender a diferença entre sua condição presente e suas expectativas futuras. Você pode meditar e pedir à sua voz interior que lhe mostre o caminho certo (descrito em detalhes no Capítulo 6). Se você estiver se sentindo perdido, vai ter dificuldade para encontrar suas verdadeiras aspirações em meio à agitação habitual. Procure um ambiente tranquilo e inspirador para examinar seus objetivos. Veja a seguir alguns termos para que você possa entender melhor os conceitos envolvidos ao definir um objetivo.

a) Objetivos reais e objetivos artificiais

Estabeleça objetivos reais que venham naturalmente de você. Objetivos que nascem dentro de você são desejos verdadeiros. Eles lhe infundem paixão para que possa manifestá-los. É esse fogo, esse zelo, que o impulsiona para a realização dos seus objetivos com dedicação. Lembre-se, sua mente irá para onde for o seu coração.

Objetivos impostos pela sociedade ou dela tomados de empréstimo não são seus; são o que chamo de objetivos artificiais. São os objetivos que a mídia, o governo, os anunciantes, a sociedade ou a pressão dos pares decidiram por você. Não há nada de errado em segui-los desde que você não se torne presa do desespero, da competição injusta ou do sentimento de inferioridade. Além disso, se os desejos não procedem do seu íntimo, você pode ficar desorientado, desmotivado ou confuso, e isso o impedirá de realizá-los.

Assim, antes de elaborar sua lista, pergunte a si mesmo se está sendo leal aos seus desejos ou apenas cumprindo a lista de objetivos de outra pessoa. Reflita sobre isso; é bem possível que nessa busca você encontre um ou mais objetivos reais.

b) Objetivos-fim e objetivos-meio

Objetivos-fim, como o nome sugere, são os seus desejos mais importantes. Objetivos-meio (ou, também, metas) são as várias etapas que você percorre para chegar ao seu objetivo último. Sempre que tiver um objetivo em mente, pergunte-se: "Por que eu quero alcançar este objetivo?". Você obterá uma resposta. Continue se perguntando até alcançar seu objetivo final, aquele que o incendeia de verdade e após o qual você não precisará mais realizar seus objetivos-meio. Os objetivos-fim lhe propiciam mais clareza e entusiasmo e o orientam para a ação. A identificação de objetivos-fim abre muitos caminhos (objetivos-meio) para a consecução de cada um deles.

Objetivos-meio são etapas necessárias, mas não o destino final. Prestando atenção na diferença entre objetivos-fim e objetivos-meio, você não se perderá durante o processo. Você saberá quando alcançar uma meta e quanto ainda precisará andar para chegar ao objetivo. Para compreender melhor, veja os seguintes exemplos:

- Tânia tem uma meta: conseguir uma renda extra; para isso, está trabalhando meio período. Seu objetivo: ela quer obter recursos para passar as férias com a família, viver alguns momentos alegres na companhia dos filhos e guardar essas lembranças para toda a vida.
- Hari pretende malhar sete horas por semana e adotar uma dieta equilibrada e saudável; essa é a sua meta. Seu objetivo é realizar sua paixão de vencer maratonas mesmo com 60 anos.

Liste os seus objetivos

O especialista em liderança global Robin Sharma disse, em um dos seus *podcasts*, que "coisas que são escritas são feitas". Depois de identifica seus objetivos, é recomendável fazer uma lista deles. O ato de escrever especifica os objetivos. A especificidade ajuda você a observar com mais nitidez. Quanto maior o controle sobre seus pensamentos, melhor será o processo de criação.

Para isso, crie o seu Diário da Felicidade. Compre um caderno de anotações ou um diário do seu gosto. Você deve sentir-se bem com ele sempre que o manusear. Deixe algumas páginas iniciais em branco e, então, comece a relacionar os objetivos. Mais adiante, você pode comprar outro caderno ou diário para usar como um diário de gratidão.

Comece com objetivos de três meses, seis meses e um ano. Liste todas as alegrias que pretende proporcionar a si mesmo, as aventuras que deseja viver, as pessoas que almeja conhecer, os lugares que gostaria de visitar, as emoções e oportunidades que vislumbra experimentar, as habilidades que pretende desenvolver, o nível de condicionamento físico que almeja alcançar etc. Isso pode incluir qualquer coisa – como um tratamento de saúde melhor para seus pais, encontrar um amor ou a felicidade, ter um emprego que sustente sua família, ser promovido, tornar-se mais confiante, expandir os negócios, desenvolver um *hobby* empolgante, concluir seu curso, destacar-se em alguma habilidade, ser um grande político, obter discernimento espiritual, ter sucesso nos esportes, nas artes ou na ciência, passar as férias em um navio de cruzeiro, curar-se de uma doença e assim por diante. Concluída a lista dos objetivos atuais de três meses, registre os objetivos de seis meses, depois, os de um ano e três anos em novas páginas. Você pode inclusive abrir seções para amor, saúde, trabalho, aventura, autoaperfeiçoamento etc.

Não tenha pressa em escrever seus objetivos. Talvez, com o tempo, sua lista mude em virtude de algumas alterações em suas preferências e prioridades. Nesse caso, refaça a lista. Mas procure não fazer alterações com muita frequência. Isso seria como ir a um restaurante, substituir vários pedidos feitos e voltar para casa de estômago vazio.

Ao fazer a lista, não deixe de se perguntar tudo o que lhe vier à mente. Os objetivos da sua lista devem estar livres de qualquer julgamento. Não pergunte "Como?". Não hesite, pois você não será penalizado por fazer uma lista registrando as ambições da sua vida! Com coragem e entusiasmo, dê este primeiro passo.

O ato de pedir não precisa ser feito em forma de lista de desejos. Essa não é uma regra fixa. No entanto, como estamos falando de atitudes eficazes para pedir, é recomendável que você tenha seu diário da felicidade. Ele manterá seu ânimo elevado, lhe dará clareza sobre seus objetivos e confiança no processo. À medida que concluir uma etapa após a outra, os pequenos tiques que você colocar diante de cada objetivo serão tão somente sinais de grande satisfação.

Seus objetivos devem ser formulados de modo inteligente, abrangendo todos os aspectos do seu desejo. Não repita seus objetivos como se fosse um papagaio. Eles não são meras palavras, mas, sim, fios condutores de fé e sentimentos. Para desenvolver isso, veja, a seguir, alguns pontos a se considerar no momento de relacionar seus objetivos.

a) Elabore objetivos afirmativos

Afirmar é o ato de dizer algo de forma positiva e clara. Ao listar seus objetivos, elabore-os com frases afirmativas (positivas). Por exemplo, em vez de dizer "não quero adoecer", escreva "estou saudável". Os pensamentos não interpretam palavras como "não", "não pode", "nunca", "é difícil", "pouco", "nem", "talvez" etc.; eles só apreendem a mensagem. Como observador, você não pode observar palavras; só pode observar a mensagem "adoecer". E, pensando na doença, como você pode ser saudável? Sempre que possível, evite dizer ou escrever palavras que denotam um significado negativo. No mesmo instante em que você escreve uma palavra, sua mente forma uma imagem correspondente a essa palavra. Assim, empregue sempre palavras com um significado afirmativo. Esse princípio se aplica a todas as etapas, as de pedir, acreditar e receber. Comece suas afirmações com "Eu..." ou "Eu sou..." seguido de um verbo na forma positiva. Muitas outras formas de frases também são possíveis, mas procure escrever no tempo presente e com palavras positivas.

Exemplos:

* Estou fazendo o melhor pela educação da minha filha.
* Tomo as decisões financeiras certas para o desenvolvimento do meu negócio.

A afirmação ajudará das seguintes maneiras:

* Quando usadas com convicção, as afirmações podem afastar crenças e pensamentos negativos e confusos.

* O uso de afirmações com as duas próximas etapas do processo PAR promove a formação de novas redes neurais no cérebro, correspondentes a novos padrões de pensamento.

Há duas possíveis razões para que sua afirmação pareça contraditória: ou sua crença contradiz a sua afirmação ou você a considera errada no âmbito moral. Corrija a situação para não perder a intensidade da afirmação.

b) Acrescente resultados e prazos aos seus objetivos

Ao compor a afirmação, o proveito será maior se você acrescentar os resultados que deseja alcançar com o objetivo expresso. Sempre que ler a afirmação, você se lembrará dos ótimos resultados que o esperam quando você atingir esse objetivo. Essa lembrança o manterá bem motivado e envolvido no processo de pedir.

O acréscimo de prazos à afirmação favorece a tomada de decisões em tempo hábil. O prazo cria uma pressão positiva, necessária para mantê-lo em movimento.

Exemplo:

* A cada semana, tenho o compromisso de fechar o maior número possível de contratos de venda com meus clientes, desse modo aumentando o meu perfil de negócios em 40% nos três meses seguintes.

Contudo, um aspecto importante a levar em consideração ao acrescentar prazos aos seus objetivos é que eles só são recomendados quando você tem certeza ou confiança, pelo menos até determinado ponto, em relação ao cronograma definido. Do contrário, restrições de tempo tornam-se causa de preocupação desnecessária com a consecução do objetivo. Elas limitam o fluxo livre de energia, mantendo-o preso ao objetivo. Além disso, em termos espirituais, a energia do Universo pode ter um cronograma melhor para você do que aquele programado. Então, adote prazos relativamente flexíveis que não causem desânimo nem muita perturbação.

c) Especificidade dos seus objetivos

Alguns adeptos do poder do pensamento estimulam as pessoas a listar objetivos de acordo com especificações estritas e bem definidas. A meu ver, dados e detalhes em demasia relativos à qualidade ou à quantidade dos seus objetivos podem desestimulá-lo, despertando sentimentos de escassez e dúvida.

Por isso, é de suma importância o modo como você elabora as suas afirmações e o que inclui em suas visualizações. Detalhes muito específicos podem levar a uma estagnação da realidade e a incertezas com relação às crenças subconscientes. O resultado será um processo de manifestação mais difícil. Em vez de reduzir suas escolhas, formule objetivos que tenham mais probabilidade de ser alcançados. Assim, ao listar seus objetivos, é recomendável ser específico num sentido amplo e mais genérico.

Veja os seguintes exemplos:

- Quero mudar de emprego.
- Tenho um novo emprego na XYZ Inc., como gerente sênior do departamento de vendas, com um salário anual de INR* 25,00,000.
- Tenho um novo emprego em uma *empresa renomada*, na função de gerente sênior do departamento de vendas, *com ganhos muito compensadores*.

A primeira frase é muito vaga; a segunda é específica demais, com muitos detalhes. A terceira opção torna seu objetivo plausível; é clara no sentido de que o estimula de modo positivo. O objetivo se aplica a qualquer empresa no grupo de "empresas renomadas" e não o limita a uma remuneração de "INR 25,00,000". Isso reduz a possibilidade de a realidade ser estagnada e também satisfaz suas crenças. Assim, o desenvolvimento do processo de acreditar e receber (processo PAR) fica fácil e acessível para você.

Às vezes, o poder superior planeja uma realidade diferente para você. Nesse caso, é muito provável que você não alcance seus objetivos específicos, o que lhe causará frustrações incômodas na vida. Nessa condição, você precisa

---

* Rupia indiana. (N. do. T.).

acreditar que a energia do Universo está lhe destinando o que é melhor para você e para o propósito da sua alma. Em vez de forçar seus objetivos, entre em harmonia com o processo de criação, fazendo afirmações de apoio (pedir), visualizações (acreditar) e realizar ações (receber).

Mencione apenas os detalhes dos seus objetivos que são mais importantes para você; para outras particularidades, use palavras, emoções e adjetivos positivos. Deixe tudo o mais a cargo da energia do Universo para que este decida em seu nome.

Em alguns casos, talvez você se preocupe se omitir alguns dados do seu objetivo. Numa situação assim, acrescente especificidades que considere de fato importantes e necessárias.

Exemplos:

- Vou ter um excelente desempenho na partida com o time XYZ na próxima segunda-feira.
- Vou ser aceito em uma das melhores universidades do país, e ampliar, assim, ao máximo meus conhecimentos e meu desenvolvimento profissional.

❖ O poder do "Eu Sou"

"Eu Sou" são as duas palavras mais poderosas que você pode pronunciar para mudar sua vida. A beleza dessa expressão é que, do mesmo modo que ocorre com seus pensamentos, você tem controle total sobre o seu uso. Você é o único senhor do seu "Eu Sou". Só você pode usá-lo para si mesmo e dizer o que sente a respeito de si mesmo. O que você agrega ao seu "Eu Sou" é a crença que tem sobre si mesmo. Por isso, muito cuidado, pois seu "Eu Sou" pode lhe trazer tanto a vitória como a derrota. Afirmando para si mesmo sentimentos como "eu sou uma pessoa maravilhosa", você se sentirá ótimo. Afirmando para si mesmo algo como "eu sou um perdedor", você se sentirá um fracassado. Esse poder está em ação ao longo de toda a nossa vida.

"Eu Sou" fortalece a sua crença em alguma coisa e, por conseguinte, o leva a recebê-la. "Eu sou" lhe dá força e confiança para identificar seu potencial e definir seus objetivos. Nas palavras de Joel Osteen (pastor), "o que quer que dê sequência ao 'Eu Sou' acabará encontrando você".

Na cultura ocidental, "Eu Sou" é o nome de Deus. Essa energia habita cada um de nós e nos capacita a vencer as dificuldades e a alcançar o ápice. A palavra *Soham*, originária de textos sânscritos hindus, que significa "Eu Sou Ele", reveste-se do mesmo significado. Não me considero qualificada para falar mais sobre a origem dessa expressão, mas, pelo pouco que entendo com base em minhas pesquisas, posso concluir que, quando dizemos a palavra *Soham*, removemos todas as dualidades e nos identificamos com o Universo. Quando você diz "Eu Sou" e lhe acrescenta algo, o vínculo entre você e esse algo se torna forte o suficiente para que você possa atraí-lo para si.

"Eu Sou" é a sua consciência acreditando no que ela é e no que pode fazer. Dizer "Eu" é como dar um comando à mente. Por exemplo, "eu sou merecedor" diz à mente o que ela é e como deve ser. Sempre que diz isso para si mesmo, você fortalece suas crenças e passa a pensar de modo proativo.

Você pode usar essa palavra de poder para pedir, acreditar e receber (processo PAR) da energia do Universo. Se possível, seus objetivos devem começar com "Eu sou". Por exemplo, "eu sou feliz" é uma forma melhor de pedir felicidade do que "eu quero ser feliz". Em seu livro *The Power of I AM* (O Poder do EU SOU), David Allen sugere que repitamos essas palavras em silêncio e com sentimento até perdermos a percepção do mundo ao nosso redor e nos emocionarmos com a compreensão de que de fato somos o que desejamos.

Usei afirmações poderosas "Eu Sou" para encontrar meu propósito de vida. Todas as noites, antes de dormir, e muitas vezes durante o dia, eu repetia para mim mesma as afirmações que formulava para esse fim. Não sei por que a mente ressoa tanto com a expressão "Eu Sou". A minha experiência, porém, possibilitou-me perceber que ela dá à pessoa confiança em si mesma enquanto a mente absorve-se no processo de criação deliberada. "Eu Sou" prepara o seu mundo interior para o sucesso exterior.

Nunca use "Eu Sou" para dizer algo negativo sobre você. Se algo dá errado, as pessoas têm o hábito de resmungar coisas como "ah, eu sou burro", "eu sou tão gorda", "eu não sou capaz", "eu não sou bonita" etc. Não acrescente ao seu "Eu Sou" nada que você não queira ter em sua vida, como defeitos, queixas e derrotas. Por que dizer algo que é o contrário do que você deseja?

Uma das minhas amigas sempre dizia coisas como "não sou mais bonita", "estou engordando", "tenho a pele enrugada", e assim por diante. Precisei de bastante tempo para fazê-la entender que, se ela não se via bonita, como podia esperar ser bonita para o marido? Ame a si mesmo primeiro, para, então, o mundo poder amá-lo. Você precisa apreciar-se e respeitar-se. O que você acredita sobre si mesmo refletirá em suas palavras e em seus pensamentos, e o que estiver em seus pensamentos estará em sua vida.

❖ Autossugestão

Autossugestão é uma maneira muito confiável de comunicar seus desejos a cada célula do seu corpo. Quando você alimenta sua mente com o que você deseja, cada célula do seu corpo recebe a notificação do que é esperado dela. Vimos no Capítulo 3 que o diálogo interno ou autossugestão está sempre presente e desenvolve suas crenças.

Ele é um meio excelente para que você se comunique com sua mente a respeito de suas afirmações. Por isso, adote esse recurso para plantar as sementes de pensamentos desejados em seu subconsciente. A mente e a energia do Universo, então, se unem para aproximá-lo sempre mais da linha de chegada.

As autossugestões são ferramentas poderosas para desenvolver hábitos. Eu as utilizo para desenvolver hábitos proveitosos que promovem a manifestação dos desejos expressos na minha lista. Elas fortaleceram minha força de vontade, me estimularam a ser fiel ao meu cronograma de escrita e a inúmeras outras situações semelhantes.

Ao servir-se de autossugestões, é importante que você as impregne de emoções. Repita suas afirmações com sentimento no coração e com alegria. Você não deve ler os objetivos como se fosse um papagaio que repete o que seu dono lhe ensina. Insufle emoção no que lê. Leia seus objetivos com o sentimento de que os merece. Além disso, durante a leitura, confie em si mesmo e sinta-se feliz com suas ambições. Com esforços tímidos, você não pode esperar resultados retumbantes. Pense na sua lista de objetivos enquanto corre, dirige, viaja de trem, espera no restaurante etc. Impregne cada célula do seu corpo com seu objetivo. . . afinal, seu objetivo é também o objetivo de todas as suas células! Louise L. Hay, autora do *best-seller* *You Can Heal Your Life* (Você Pode Curar sua Vida), sugere fazer as afirmações diante do espelho. Olhar-se nos olhos e afirmar para si mesmo é uma excelente técnica de motivação. Quando diz as palavras de maneira direta "na sua cara", você começa a aceitá-las.

Muitas vezes, a mente ocupa-se com conversas negativas sobre escassez, doença, ódio, ciúme etc. Esse diálogo interno é um intruso em sua mente, pois o enfraquece no âmbito mental. A partir de agora, sempre que encontrar tempo, fale consigo mesmo sobre dinheiro, abundância, saúde, felicidade etc. Acredite, esse enfoque elevará seu espírito e o fará sentir-se como se estivesse andando num carrossel.

Pesquisas sugerem que pensamentos positivos repetidos ajudam na recuperação de eventos perturbadores e traumáticos e de depressão. Além disso, promovem comportamentos saudáveis e nos preparam para ações futuras, por nos estimularem a planejar no devido tempo. (Edward R. Watkins, 2008).

A repetição da sua lista de objetivos pode ser feita de acordo com sua agenda. Estudos mostram que é fácil introduzir pensamentos em seu subconsciente quando a mente se encontra em estado alfa. Esse é o estado um pouco anterior ao momento de adormecer e que ocorre logo depois de acordar. Diz-se que o estado alfa é o estado da visualização, do encontro de soluções e do recebimento de orientação interior. Nesse estado, a mente se encontra receptiva a sugestões. Nessas condições, a autossugestão é como a auto-hipnose, em que você direciona seu cérebro e o alimenta com pensamentos desejados.

Ao se deitar, em vez de pensar no que deu errado durante o dia, pense no que você pode fazer melhor no dia seguinte para alcançar seus objetivos. Se adormecer com pensamentos positivos, você acordará com pelo menos um deles. Então, lhe será mais fácil levar essa atmosfera positiva consigo durante o dia.

Não desperdice esse período que antecede o sono navegando pelo celular. O que você quer na vida não são mais postagens nas redes sociais, mas, sim, a realização dos seus objetivos. Esse é um momento em que a mente está suscetível a absorver quaisquer dados que você forneça. O psicólogo americano Archibald D. Hart escreve em seu livro *The Digital Invasion: How Technology is Shaping You and Your Relationships* [A Invasão Digital: Como a Tecnologia Está Moldando Você e os seus Relacionamentos]: "A maioria dos cristãos aprendeu que a oração e o momento devocional devem ser a primeira atividade do dia. Na realidade, para a maioria de nós, é abrir o nosso e-mail. Para outros, é correio de voz, mensagens de texto, *posts* e as últimas notificações". A internet e a mídia deixam-nos ansiosos por mais coisas, mais consumismo e mais notícias pessimistas; não satisfazem os nossos objetivos nem nos proporcionam paz interior.

Em vez disso, você imerge em sentimentos de escassez, tristeza e competição. Seus preciosos momentos de se encontrar em seu estado mental alfa devem ser reservados para seus desejos, seus sonhos, seus objetivos, para a vida e a felicidade, não o contrário.

Passemos à etapa seguinte da fórmula PAR para que você aprenda como abordar de modo consciente todos os aspectos dos seus objetivos para que a bandeja que lhe é servida tenha o que você espera da vida.

Capítulo 6

"Acredite" em si mesmo

"Imaginação em ação."
— *Slogan* da General Electric

Depois de escolher as situações da sua vida sobre as quais deseja se concentrar, chegou o momento de observar. Perguntar é fazer uma escolha; acreditar é apresentar detalhes relacionados a essa escolha para que o processo de manifestação seja posto em movimento. Nesta etapa da criação, você se empenha em observar a sua realidade com a ajuda da imaginação.

O ato de acreditar constitui parte muito importante da fórmula de sucesso de três etapas. Você precisa ter certeza de que vai alcançar o que pediu na primeira etapa. Nesta segunda etapa, o pensamento proativo assume uma função essencial, vital. Quando você acredita em seus objetivos, você se emociona, se anima, se alegra e se apaixona. Com essa combinação de emoções inspiradoras, você se torna facilmente um criador proativo.

Acreditando, você confirma que sua escolha pode se transformar em realidade. Você confirma que tem fé, que confia e que não tem a menor dúvida em relação ao processo de criação. A crença infunde o espírito que move montanhas e se eleva ao céu!

Depois de concluir sua lista de objetivos, você precisa dar o segundo passo do processo: acreditar. Você precisa acreditar que tudo o que encomendou do depósito do Universo já é seu. Quando você escolhe de maneira proativa os aspectos da sua realidade, sua mente subconsciente começa a lhe enviar os sinais e as informações necessárias para a realização dos seus objetivos.

Atitude para acreditar com eficácia

No centro do processo de acreditar está a visualização. O ato de acreditar em seus objetivos precede o ato de receber. Assim deve ser para que a imagem presente em sua mente tenha condições de lhe infundir a necessária paixão de agir de imediato. Listamos algumas particularidades para uma melhor observação da sua realidade e um melhor processo de criação. Veja esta lista a seguir.

- **Visualização dos seus objetivos**

  A faculdade imaginativa da mente é responsável por todas as invenções concebidas pela humanidade. Desde a conquista do espaço e dos mares até a descoberta de soluções para a fome e a doença, os seres humanos alcançaram um nível de desenvolvimento imenso em diversas áreas da ciência e da tecnologia aplicando sua capacidade de imaginar. Se você leva a sério a ideia de fazer uma mudança, não basta ter um desejo geral de melhorar sua vida. Você precisa encontrar um equilíbrio entre ações mentais e físicas para ter condições de realizar seus objetivos.

Nesta segunda etapa, você formará imagens das coisas, das pessoas e das experiências relacionadas em sua lista de objetivos. A visualização irá ajudá-lo a viver o seu futuro no presente! É como ter o controle remoto da sua vida em suas mãos. A visualização é o processo criativo real que dá sustentação às três etapas do Perguntar, Acreditar e Receber. Para compreender melhor, imagine um arquiteto com um contrato para construção de um *resort* de luxo: sem formar uma imagem mental clara de todo o complexo, esse profissional não conseguirá dar início ao projeto.

Assim, uma imagem confere clareza e direção para prosseguir. Você precisa criar imagens dos seus desejos em sua mente: o carro que deseja ter, a casa que almeja comprar, as qualidades que vislumbra em seu parceiro de vida e assim por diante. Quanto mais claros forem seus desejos no mundo interior, melhor eles aparecerão no mundo exterior. Emoções e detalhes devem alimentar suas imagens mentais. Apaixone-se o quanto possível para sustentar essa imagem em sua mente com a maior frequência possível. Imaginação detalhada e repetições focadas irão ajudá-lo no processo. À medida que a imagem em sua mente se desenvolve, também se expande o caminho que a ela conduz.

Do mesmo modo que suas lembranças lhe fazem recordar seu passado, sua imaginação pode projetar seu futuro. O detalhe positivo com relação ao futuro é que você ainda tem tempo para moldá-lo de acordo com suas preferências.

Vejamos, a seguir, alguns pontos que devem ser considerados para melhor visualização dos seus objetivos.

a) Dissipando dúvidas

Tente se lembrar de como lhe era fácil quando criança imaginar-se sendo médico com um estetoscópio de brinquedo pendurado no pescoço ou então um astronauta numa caixa colorida com a cabeça para fora. Eu me recordo que eu me tornava uma celebridade sendo entrevistada por um jornalista! Naquela época, as coisas pareciam fáceis e você não tinha medo de se visualizar numa situação desejada. Permita-se ser aquela criança mais uma vez, alguém que não tem medo de imaginar grandes objetivos! É importante ser ousado em sua visualização. A manifestação só será perfeita se sua visualização e suas crenças coincidirem.

Para explicar um pouco mais, eu gostaria de apresentar uma das minhas experiências de manifestação. No último semestre da minha pós-graduação, listei quatro objetivos relacionados ao trabalho. Consegui realizar três deles (colocação em uma empresa multinacional de renome, obtenção da minha carta de contratação antes da conclusão do semestre e emprego em uma cidade escolhida por mim) aplicando com êxito as orientações que detalhei neste livro. O quarto objetivo era receber um salário anual de INR 30,00,000. Sendo egressa de uma das melhores instituições de ensino do país, era possível chegar a esse montante. Apesar disso, era algo muito elevado para que meu subconsciente acreditasse. Embora eu tenha passado por todas as etapas PAR que tentei seguir, minha tagarelice interna continuou sussurrando: "Calma! Isso é inatingível!". No fim, não consegui manifestar meu salário específico e almejado. Percebi que algo dera errado ao aplicar a força do pensamento e, então, voltei ao básico desse conceito. Depois de estudar vários recursos sobre o assunto, percebi onde havia falhado: eu não havia seguido os detalhes essenciais de todo o processo. Eu tinha pensado no meu salário desejado de maneira tímida. No fundo do coração, eu não tive fé na energia do Universo e em mim mesma. Enfim, compreendi a importância das crenças, mas do jeito mais difícil!

Algumas pessoas que já conhecem o processo de pedir, acreditar e receber podem ter passado por uma experiência semelhante. Talvez até tenham chegado a esta conclusão: "A manifestação nunca aconteceu, mesmo depois do pensamento focado!". Não culpe o poder dos seus pensamentos. O poder do pensamento nunca está errado.

É você que não consegue aplicá-lo da maneira correta. Lembre-se, seus medos e seus objetivos impossíveis são apenas algumas crenças falsas.

Sempre que estiver em dúvida durante a visualização, pergunte-se: "Como vou me sentir depois de alcançar esse objetivo?". A resposta infundirá um fluxo de pensamentos e sentimentos positivos, fortalecendo, assim, sua vontade de visualizar. No último capítulo, dei o exemplo do objetivo de possuir o último modelo do Mercedes preto. A princípio, você pode ter uma enorme dificuldade em imaginar um objetivo como esse. Nesse caso, pergunte a si mesmo: "Como será levar minha esposa a um jantar no meu próprio Mercedes?" ou "Qual será a sensação de deixar meu filho na escola em meu carro dos sonhos novinho em folha?". As respostas a perguntas assim aumentam sua criatividade e o ajudam a se conectar ao cenário imaginário de maneira eficiente.

Os exemplos que continuo apresentando não são os únicos objetivos que podem ser manifestados. O fato é que os objetivos de cada pessoa são diferentes. Simplificando: sua vida, seus objetivos, sua imaginação. Mas se suas dificuldades atuais não permitem que você vislumbre grandes objetivos, comece com algo pequeno. Comece observando e criando uma necessidade básica para você. Comece alcançando qualquer um dos seus objetivos diários. Se você está numa situação em que é incapaz de pagar três refeições por dia, o seu objetivo pode ser o de ter um jantar satisfatório. Tudo depende em sua totalidade das suas necessidades quanto ao que você gostaria de criar em sua vida por meio de um ciclo de pensamento positivo. Não é necessário querer visualizar tão somente uma casa grande ou uma renda milionária.

b) Servindo-se de figuras e desenhos

É comum ouvirmos o seguinte ditado, atribuído a Confúcio: "Uma imagem vale mais que mil palavras". Então, por que não usar imagens em nosso benefício? O cérebro processa informações visuais com mais rapidez e, exatamente por serem visuais, podemos nos lembrar delas com mais facilidade. A memória visual cria um impacto maior e tem uma longevidade mais extensa. Assim, visualizar as imagens dos seus objetivos deixa uma marca profunda no cérebro.

Você pode recortar figuras de revistas, catálogos, jornais ou buscá-las na internet. Fixe essas figuras no seu quadro de visualização ou no seu diário da felicidade. Se não encontrar uma imagem correspondente ao seu objetivo, faça um desenho que o represente. Não há necessidade de ser um artista; um esboço simples do que você quer, fixado no quadro de visualização, pode fazer maravilhas em sua vida. Outra alternativa é depositar as figuras numa caixa e voltar a elas todos os dias. Eu prefiro colá-las em meu diário da felicidade, onde ficam resguardadas, e assim também fica fácil levá-las comigo quando viajo. Você pode também separar essas figuras e colar algumas no diário da felicidade e outras no quadro de visualização. Faça o que lhe convier. Seu quadro de visualização deve estar num lugar acessível para que, todas as vezes que se der conta dele, ele lembre à sua mente, ao seu corpo e à sua alma os papéis simultâneos que estes precisam desempenhar para que você alcance seus objetivos.

Depois de colar a imagem no seu diário da felicidade ou fixá-la no quadro de visualização, escreva alguns detalhes sobre ela. Por exemplo, a linha do tempo, o plano de ação, as qualidades dela, os resultados, seus sentimentos etc. Tente descrever a qualidade ou a quantidade junto com seus sentimentos – o trabalho que você quer, seu estilo de vida ideal, o número de gols que deseja marcar na partida de futebol etc.

c) Visualização criativa: da vida virtual à vida real

Visualização criativa, como o nome sugere, é um método de visualização em que você aplica de maneira criativa os cinco sentidos para obter detalhes de um cenário que almeja visualizar. No âmbito científico, essas práticas de visualização são conhecidas como "Ensaio Visual Motor". Os autores Esther e Jerry Hicks sugerem que mesmo uma imaginação focada por apenas 17 segundos pode pôr as forças da criação em movimento!

Quer você tenha de fato o troféu de vencedor em suas mãos, quer apenas imagine a cena em sua mente, ambas as situações ativam as mesmas vias neurais no cérebro. A visualização é uma ferramenta poderosa usada por atletas, dançarinas, esportistas etc. para ensaio mental do que está para acontecer. O ensaio mental ajuda a imaginar com antecedência o cenário futuro, momento em que você pode ter vislumbres de como lidar com a situação real. Desse modo, o cérebro ativa os seus processos cognitivos e realiza um ensaio antes de entrar na etapa da vida real. A visualização criativa também aprimora o hemisfério direito do cérebro, que em geral é menos utilizado do que o hemisfério esquerdo.

Esportistas e celebridades usam essa técnica a fim de se preparar melhor para seus desafios e alcançar o sucesso. Muhammad Ali, Arnold Schwarzenegger, Tiger Woods, Oprah Winfrey, Jim Carrey, Will Smith, Jay Z, Lady Gaga e muitos outros famosos grandiosos recorrem ao poder da visualização para aprimorar suas capacidades. Você também pode adotar esse jogo mental para viver uma vida melhor.

Processo de visualização

Feche os olhos e escolha um objetivo que você gostaria de visualizar. Pode ser um da sua lista de objetivos, a solução de algum problema ou alguma experiência que deseja ter. Em seguida, imagine uma grande tela de tevê a dois ou três metros à sua frente em que esteja passando um filme intitulado *Minha Vida*. Você é o diretor e o protagonista desse filme. Visualize as cenas que gostaria de incluir e diga "Corta!" para possíveis pensamentos indesejados. Comece com sua afirmação e prossiga passo a passo em direção a todos os acontecimentos relacionados ao seu objetivo. Imagine todos os detalhes pertinentes ao processo, às ações e à realização do seu objetivo. Quanto mais detalhes você incluir, melhor será a correspondência com a realidade desejada.

Nas palavras da palestrante motivacional e escritora Lisa Nichols, "suas visualizações devem ser 'visualizações impregnadas de emoções'". Faça das visualizações uma experiência de corpo inteiro. Sua imaginação tem asas e cores. Então, pinte seus objetivos com esplendor. Insufle vida em seus sonhos. Além disso, procure envolver todos os seus sentidos. Veja cores. Você pode imaginar seu plano de ação, o que os outros lhe dizem, todo o seu entusiasmo, as conversas que mantém, como as pessoas o parabenizam, como seus familiares se beneficiam com a sua conquista, o sentimento de gratidão que essa realização trará etc. Sinta o perfume no ar, veja a cor da sua roupa, observe a atmosfera do evento, o ambiente ao seu redor etc. Você precisa sentir, tocar, provar, ouvir e ver as imagens do seu objetivo. Você precisa vivê-lo em sua mente! E, quando isso tudo de fato acontecer, será um *déjà-vu* para você! Mergulhe nessas imagens todos os dias até que deixem de existir como realidade virtual. Acrescente detalhes, mas não faça muitas alterações; do contrário, seu foco se dispersará.

Se lhe for difícil visualizar os resultados, comece visualizando a si mesmo realizando as ações que levarão aos resultados desejados. Isso também o ajudará a formar o hábito de praticar ações necessárias para a consecução dos seus objetivos. Apenas lembre-se, as limitações da sua conquista estão nas limitações de sua imaginação.

Nem todos têm o órgão da visão como predominante durante suas visualizações. Em alguns, são mais dominantes outros sentidos, como o olfato, o paladar e a audição. Use mais o sentido que mais se destaca em você. Os resultados continuarão bons do mesmo jeito.

As visualizações podem ser exercitadas de acordo com a sua programação. Como no caso das afirmações, porém, os melhores momentos para a prática são os seguintes:

* pouco antes de ir dormir e logo depois de se levantar pela manhã;
* durante as sessões de meditação;
* durante 5-10 minutos quando você dispuser de tempo.

Sempre que uma distração o perturbar, diga "PODE PARAR, PODE PARAR!" e redirecione à tela mental as imagens mentais que reuniu para um dos seus objetivos. No início, você terá imagens mentais confusas, mas, com o tempo, à medida que continuar praticando, os detalhes dessas imagens mentais se tornarão mais claros. Como um músculo, você pode fortalecer seu poder de visualização.

Do mesmo modo que suas emoções potencializam seus pensamentos, as visualizações potencializam suas afirmações. Visualizações criativas o preparam para executar ações.

Vejamos alguns exemplos.

- John torceu o pé direito enquanto subia a escada. Como reforço à medicação, ele decidiu usar a visualização criativa e, assim, curar o pé mais rápido. Ele se vê praticando seu esporte favorito, futebol. Imagina-se marcando um gol batendo na bola com o pé direito e ouve aplausos dos companheiros. Também se vê chegando em casa e levando a filha para o parque, onde corre atrás dela enquanto ela persegue uma borboleta. Então, ele pega a filha no colo e brinca com ela, erguendo-a no ar.

- Mahi está com uma dor de cabeça muito forte. Ela usa a técnica da visualização para voltar ao seu estado físico saudável e recorre ao simbolismo para tratar a dor; ela colhe um ramo de bálsamo dourado do campo de energia ao seu redor e o esfrega na cabeça, sentindo a dor aliviar. Ela repete o procedimento algumas vezes, esperando que a dor de cabeça desapareça.

- Ações simbólicas dessa natureza podem ser executadas para curar qualquer doença, de maneira paralela à medicação. Assim, a cura será mais rápida. Depois de fortalecer a sua fé tratando problemas menores, você pode passar a tratar doenças crônicas. As curas por visualização não substituem a prescrição médica, mas auxiliam o processo de cicatrização.

- Se você está em busca do amor verdadeiro, liste as características que almeja em seu parceiro de vida. Visualize-se tomando café com essa pessoa ou imagine uma situação em que você lhe diz onde prefere passar as férias. Imagine seu parceiro vindo buscá-la depois do trabalho ou pense no modo como ambos gostariam de preparar um *brunch* juntos ou ir ao cinema etc.

- Suponha que a sua lista de desejos inclua a compra de um novo lugar para montar seu escritório. Você pode imaginar sua localidade preferida, visualizar o tamanho do *lobby*, imaginar o andar em que vai ser, o número de cubículos que deseja ter, o interior da sua sala, o quadro atrás da sua mesa, os móveis que adoraria ter, as plantas internas no *lobby*, o canto do café etc. Imagine ouvir o telefone tocando em sua mesa de trabalho, sentir o aroma do café sendo preparado, o calor da sua nova sala etc.

- Se você tem um problema para resolver, transforme seu problema em um projeto. Imagine-se encontrando uma solução para esse problema. Analise e extraia tudo o que tem em mente como resposta. Imagine o que puder e depois deixe o restante para sua inteligência superior resolver. Termine sua visualização solicitando à energia do Universo e à sua mente que lhe mostrem o caminho certo. Então, ao se levantar, caminhe como se o problema estivesse resolvido, sendo a solução a sua nova realidade.

* Você pode visualizar a si mesmo livrando-se de algumas emoções indesejadas como raiva, tristeza etc. Imagine-se cada vez mais calmo e compassivo. Dê um passo adiante imaginando-se como uma pessoa amada, admirada e com uma personalidade influente.

Quando terminar suas sessões de visualização, levante-se e abrace sua nova realidade. Não fique apenas imaginando. Comece a se comportar como se o seu pedido já tivesse sido atendido. Esse modo de agir harmoniza sua observação com o processo de criação. Faça mentalmente tudo o que faria depois de alcançar seus objetivos. Tenha tudo em sua mente para ter esse mesmo tudo em suas mãos. Viva em sua mente na casa dos seus sonhos, faça no âmbito mental a apresentação que está programada, crie em sua mente seu negócio e brinque em sua mente com seu filho saudável. Projete os seus objetivos na sua tela mental com tanta intensidade a ponto de alterar a realidade a seu favor. Crie felicidade, saúde e sabedoria – tudo em sua mente.

A visualização criativa é uma prática muito inovadora. A possibilidade de variações é infinita. É impossível enumerá-las todas aqui. Você mesmo precisa descobrir como alimentar sua imaginação para encontrar felicidade, planos de ação, soluções etc.

d) Visualize o seu "Grande Dia"

Muitas vezes, você se depara com situações em que precisa demonstrar seu talento ou seu conhecimento: fazer uma prova, convencer seu chefe, falar em público, apresentar um trabalho, dar entrevistas, discutir em grupo, conhecer estranhos, lidar com clientes, ter um bom desempenho esportivo, concorrer a um prêmio etc. Nesses momentos, movido pelo medo ou pela baixa autoestima, você pode se frustrar ou se decepcionar.

Sempre que estiver se preparando para um grande dia, além das ações necessárias, pratique a visualização criativa. Visualize o resultado do seu sucesso. Visualize um desempenho ótimo, os benefícios que terá, a torcida do público, o impacto do evento, a pessoa que você se tornará depois disso e assim por diante. Relacione esses benefícios em seu diário da felicidade. A visão do desfecho bem-sucedido do evento aumentará sua confiança e o tornará mais forte e apaixonado.

Algumas pesquisas

- Uma pesquisa surpreendente de V.· K. Ranganathan et al., 2004, e Wan X. Yao et al., 2013, levou a concluir-se que imagens cinestésicas (imaginação de ações e movimentos) promoveram o aumento da força muscular dos músculo alvo dos pacientes em 35% e 10,8%, respectivamente.
- H. C. Dijkerman *et al.*, em 2004, realizaram uma pesquisa com pacientes com AVC crônico e comprometimento motor duradouro. Solicitou-se que o grupo de pacientes visualizasse fichas se movimentando no braço lesionado. Depois de quatro semanas desse ensaio visual, o grupo apresentou melhora de 14% em sua tarefa motora.
- O dr. O. Carl Simonton (1942-2009) foi pioneiro do processo de cura mente-corpo para o tratamento de câncer. Suas pesquisas demonstraram que a medicação, quando usada junto a visualizações mentais apropriadas, exercícios de relaxamento e meditação, aumentava a expectativa de vida de pacientes com câncer. Mais tarde, ele criou o Simonton Cancer Center para prestar apoio fisiológico e emocional a pacientes com câncer.
- O dr. Denis Waitley treinou campeões de muitas modalidades para o ensaio de Imagem Visual Motora antes do evento propriamente dito. Ele tem inúmeras histórias para contar que envolvem campeões olímpicos, campeões de vendas, grupos de jovens e astronautas da NASA. Seu trabalho confirmou que a mente é incapaz de distinguir entre imaginação e realidade.

❖ Meditação

Imagine-se sentado à sua mesa de trabalho num mercado de peixes tentando se concentrar num projeto. Em seguida, veja-se à mesma mesa trabalhando sobre o mesmo projeto, mas no seu escritório. Qual desses ambientes você prefere para concluir sua tarefa ou tomar uma decisão de negócios? Para concentrar-se, decidir e visualizar, a mente precisa de um ambiente sossegado. Uma mente consumida pela correria dos afazeres diários e pela agitação do mundo ao redor é incapaz de se concentrar. Apenas uma mente unidirecionada tem condições de produzir pensamentos convergentes. A meditação é como uma dieta saudável de paz para sua mente.

No cenário atual, você precisa lidar todos os dias com inúmeras questões ao mesmo tempo, desde o agendamento da vacinação do seu filho até uma reunião com clientes em outra cidade, por isso se torna necessário dar um pouco de descanso à sua mente confusa. A meditação pode melhorar sua clareza e seu desempenho. Se quiser mudar sua vida, você precisa começar a mudar seus pensamentos, e, para começar a mudar os pensamentos, você precisa ter a mente focada. A meditação é uma das ferramentas mais eficazes para direcionar e concentrar seus pensamentos.

A meditação é uma prática antiga adotada por sábios e estudiosos do Oriente e do Ocidente há milhares de anos. Induz a mente a um estado de quietude, livrando-a de pensamentos sombrios ou inibidores. Também ajuda a evitar pensamentos indesejados, tornando o cérebro receptivo a pensamentos positivos e claros. Podemos compará-la ao ato de esvaziar a lixeira do seu banco de dados. Infunde sentimentos de alegria, estímulo, satisfação e gratidão em sua vida e o revitaliza. Assemelha-se a umas férias mentais curtas de que você pode desfrutar todos os dias! A meditação é como uma droga milagrosa que elimina pensamentos tóxicos do seu sistema sem causar efeitos colaterais.

Do mesmo modo que lava o corpo tomando banho todos os dias, você deveria também limpar sua mente meditando todos os dias. Com a meditação, você pode ficar tranquilo, mas alerta, e alimentar sua mente subconsciente com os pensamentos preferidos durante esse estado.

O cérebro é um órgão eletroquímico que exibe sua atividade elétrica na forma de ondas cerebrais. Um cérebro mais calmo emite ondas alfa e teta. Esses são os estados de maior criatividade subconsciente, intuição, felicidade, concentração, consciência e imaginação. Com a meditação, somos capazes de alcançar esses estados. Algumas pesquisas também mostram que a meditação traz grandes benefícios para a saúde psicológica e cardiovascular.

Quando você se senta em silêncio por dez minutos para visualizar um dos seus objetivos, sua mente salta de um pensamento para outro. Sua atenção se dispersa em várias direções. A mente-macaco é comum a todos os indivíduos, exceto àqueles que aprenderam a controlá-la. A prática pode fortalecer o estado meditativo da sua mente. Quando consegue se concentrar num único pensamento por um determinado período de tempo, você se torna um observador poderoso para a criação da sua realidade. Assim como a luz solar que passa por uma lente num ângulo específico pode queimar um papel, seu foco unidirecional pode desencadear mudanças frutíferas em sua vida.

Caso você tenha a intenção de aprofundar seus conhecimentos sobre meditação, sugiro a leitura e o estudo de *A Million Thoughts* [Um Milhão de Pensamentos], de Om Swami, e *The Science of Enlightenment* [A Ciência da Iluminação], de Shinzen Young.

Shinzen Young, professor de meditação conhecido em todo o mundo, descreve em seu livro um aspecto um tanto pesaroso da meditação: "Sei que as pessoas, de modo geral, nunca terão o que poderiam alcançar com muita facilidade. Sei que as exigências da vida diária as levarão a convencer-se de que não conseguem reservar nem mesmo alguns minutos diários para desenvolver esta habilidade única (meditação) que lhes possibilitaria reagir da melhor maneira possível a essas exigências". Assim, se você acha que a meditação não é uma atividade do seu gosto, procure praticá-la pelo menos alguns dias apenas pensando na vida de abundância que você almeja.

a) Medização: visualização durante a meditação

Uma das melhores práticas que você pode aproveitar deste livro é o que chamo de "medização". As visualizações podem ser feitas a qualquer momento, de acordo com as circunstâncias de cada um, mas, pela minha experiência, concluí que o melhor momento é durante a meditação; daí o termo *medização*. A meditação aquieta a mente, e afirmações e visualizações feitas com uma mente calma produzem um impacto maior, do que resulta um processo mais suave de conexão com seus objetivos. Segundo o dr. Joe Dispenza, "Meditar é um meio, um ato que lhe possibilita ir além da sua mente analítica e, assim, acessar a sua mente subconsciente. Isso é crucial, pois é no subconsciente que estão depositados todos os seus maus hábitos e os comportamentos que você deseja mudar".

Diversos especialistas em meditação sugerem diferentes maneiras de praticar. Para alguns, meditar é uma forma de chegar a um estado mental livre de pensamentos; para outros, é o estado em que o fluxo de pensamentos é livre; para outros, ainda, é um estado em que a pessoa se concentra num único pensamento, e assim por diante. Algumas meditações consistem em concentrar-se na respiração, outras, em algum mantra, alguma divindade, uma imagem ou uma palavra.

Todas essas são formas passivas de meditação que visam acalmar a mente e a manter o estado de elevação alcançado. A que vamos praticar aqui, porém, é uma forma de meditação "ativa", aquela em que, depois de acalmar a mente, aproveitamos esse estado profundo para criar a nossa realidade. A meditação ativa é a mais apropriada para os tempos atuais. Nestes tempos, suas 24 horas são divididas em tarefas, metas, reuniões, preparação de refeições, troca de fraldas e educação de adolescentes teimosos. No fim do dia, é mais do que justo desejar com intensidade reservar alguns minutos para alcançar um mínimo de paz de espírito e para "alguns momentos para mim".

D. Goleman e R. J. Davidson, em seu livro *The Science of Meditation* (A Ciência da Meditação), dividem a meditação em dois grandes grupos – as meditações do caminho amplo e as do caminho profundo. A meditação ampla é uma abordagem moderna da meditação por meio da qual aproveitamos os benefícios superficiais, mas imensos, da meditação. As meditações do caminho profundo são as práticas de meditação intensas realizadas por yogues e monges. Aqui estamos falando do caminho amplo da meditação.

b) Medização com respiração normal

A primeira etapa do processo de medização é uma meditação para acalmar a mente. Há muitas maneiras de alcançar esse estado meditativo, como vimos. Esta etapa pode ser cumprida por meio de qualquer tipo de meditação que lhe dê melhores resultados. Você pode encontrar várias modalidades de meditação no YouTube e em outros aplicativos para dispositivos móveis. Há cursos de meditação oferecidos por bons praticantes e mestres. Você também pode experimentar alguma variedade que encontrar além do apresentado aqui e adotar o que considerar mais apropriado. Por tentativa e erro, desenvolvi um método de "medização com respiração normal" para mim mesma, muito eficaz. Vejamos como praticá-lo.

Passos da medização com respiração normal

Passo 1

(Para conhecer a ciência que respalda este passo, leia a seção "Observação", na p. 187. Tomar consciência da lógica por trás das suas ações, muitas vezes, aumenta sua força de vontade para efetuá-las. A mente analítica tem sua questão resolvida, recua e abre espaço para a fé. Assim, a sua prática de meditação é estimulada e você passa a segui-la de forma meticulosa.)

É recomendável adotar a meditação como um dos rituais matinais, pois no início do dia a mente está um pouco mais livre de pensamentos dispersivos. Se não conseguir reservar um tempo pela manhã, pratique no momento que lhe for mais conveniente e favorável. Pratique sempre num ambiente silencioso e numa posição confortável. Comece com sessões curtas e transforme-as num hábito diário. Mesmo se estiver ocupado, reserve de 15 a 20 minutos por dia para todo o processo de medização. Depois de consolidar essa capacidade, esse período de tempo pode ser ampliado.

Você é livre para adotar a postura que lhe convier e que o ajude a se concentrar. Uma postura comum é a posição de lótus. Se essa não for possível, comece apenas sentado numa cadeira com a coluna reta ou numa esteira com as pernas cruzadas, a coluna reta e as palmas das mãos apoiadas no colo. O importante é iniciar a prática e aperfeiçoá-la à medida que se dedicar a ela.

Além disso, é possível que você fique sonolento, uma vez que a calma gerada pelo processo começa a entorpecê-lo. Se isso acontecer, escolha uma posição que o deixe um pouco desconfortável para não cochilar com facilidade. Essas dicas podem ajudá-lo muito na prática inicial da meditação.

Processo de meditação

1. Sente-se numa posição confortável, com a coluna reta. Solte o corpo e tente relaxar completamente.
2. Da cabeça aos pés, comece a dirigir a atenção às diversas partes do corpo, relaxando cada uma delas e sentindo-as relaxadas. Coloque a atenção no centro da cabeça, na testa, nos olhos, no rosto, na garganta, nos ombros, nas mãos, no centro do tórax, no abdômen superior, no abdômen inferior, nas coxas, nos joelhos, nas pernas, nos pés e nos dedos dos pés. Enquanto a sua atenção se desloca de uma parte do corpo para

outra, o corpo vai entrando num estado de relaxamento cada vez mais profundo.

3. Sorria. Sinta-se bem por ter essa oportunidade de se transformar. Todos nós somos seres energéticos, feitos da mesma energia. Sinta a profundidade dessa interconexão.
4. Comece com uma respiração rítmica. Você precisa escolher um ritmo de inspiração e expiração que seja o melhor para você. A proporção de ar que entra e que sai deve ser constante durante todo o processo. Por exemplo, comece com um ritmo de quatro contagens de inspiração profunda, seis contagens de expiração profunda e duas contagens de parada. Isso completa um ciclo de respiração. Faça a contagem mentalmente. O ritmo da contagem deve ser normal, ou seja, nem muito rápido nem muito lento. Cuide para que a periodicidade de cada ciclo de inalação e exalação seja a mesma durante todo o processo, isto é, pode ser 5-5-2 ou 4-6-2 ou 6-8-2 etc., mas não 4-3-2, depois 5-7-2 e então 4-8-2. Escolha o ritmo e a proporção da respiração que mais lhe convier. Um dos meus ritmos preferidos é 5-5-2, mas você também pode começar com 4-6-2. Mantenha as respirações suaves – a inspiração e a expiração devem ser suaves e lentas. Sinta o ar entrando e saindo do corpo e energizando cada célula do seu corpo.
5. Durante todo o processo, e para maior benefício, procure concentrar sua atenção no centro do seu peito.

Você sentirá os músculos peitorais se expandindo e contraindo a cada ciclo respiratório. No início, sua mente se distrairá, mas leve-a com sutileza de volta para o centro do peito. No centro, sinta seu coração tornando-se saudável e emocionalmente calmo a cada inspiração. Sinta amor e gratidão pelo seu corpo e pela sua vida e abençoe o seu coração. Envolvendo-se nessa atmosfera positiva, você altera de modo intencional os seus sentimentos e, com os sentimentos, decide o que pensar.

Para uma sessão de medização de 20 minutos, dedique os primeiros 10 minutos à respiração rítmica e os 10 seguintes ao passo 2. A respiração rítmica acalmará sua mente. No início, você precisará de alguns minutos para aquietar a mente, pois ela se encontra desordenada há muito tempo. Tenha paciência. Assim como os exercícios tonificam seus músculos, a meditação tonificará sua mente. Com a prática diária, você perceberá que pensamentos vagos perturbam sua mente com menos frequência. Você desenvolverá um foco melhor na sua respiração e no centro do peito.

Passo 2

Na segunda metade da sua prática de medização, continue com a respiração rítmica e suave (pode parar de contar), mas em seu fluxo normal, e siga os próximos passos:

1. **Gratidão**

   O maravilhoso processo de gratidão será descrito em detalhes no próximo capítulo. A partir deste momento, comece a agradecer por todas as coisas e pessoas pelas quais você se sente grato – sua família, sua casa, a educação, a riqueza, o emprego, os negócios, a saúde, o sucesso, os amigos, os alimentos, o conforto etc. Valorize a presença dessas coisas e dessas pessoas em sua vida e agradeça por tê-las.

2. **Afirmações e visualizações**

   Nas seções anteriores, explicamos de modo minucioso como fazer afirmações e visualizar o seu futuro. Sua mente aquietada ajudará a formular de maneira mais apropriada afirmações e visualizações criativas.

   Depois de expressar gratidão, repita suas afirmações algumas vezes em silêncio e com emoção. Comece com as metas correspondentes às suas necessidades ou escolhas atuais ou com os objetivos de três meses do seu diário da felicidade. Peça à energia do Universo que o abençoe com uma vida de abundância infinita. Você pode inclusive pedir forças para uma melhor prática da meditação ou para ser mais disciplinado na realização do processo PAR.

   Em seguida, passe para a visualização. Visualize um objetivo que deseja alcançar num futuro próximo.

Use todos os seus sentidos para imaginar como seria maravilhoso conseguir realizar os sonhos que acalenta. Então, tenha fé e agradeça à energia do Universo toda a atenção dada aos seus desejos e a ajuda em sua realização.

3. **Planeje o seu dia**

   O último passo é planejar o seu dia – o dia mais importante da sua vida. Sim, comece hoje, agora e neste ponto. Avalie o que é possível fazer hoje que possa aproximá-lo ainda mais do seu objetivo. Por exemplo, você pode ter como objetivo tomar a decisão de conversar com um colega, fazer uma apresentação, navegar na internet, doar dinheiro, sentir gratidão, aprender uma nova habilidade, desenvolver um *hobby*, praticar exercícios, comer bem, preparar o almoço para a família, perdoar alguém, sair com amigos etc. Talvez seja alguma coisa boa que corresponda mais de perto a uma das suas intenções.

Seguindo esses passos, você maximiza o processo de medização. No entanto, você pode beneficiar-se e obter muito mais desse processo. Aproveite o tempo que passa em silêncio, apenas consigo mesmo, também para alcançar outros fins vantajosos, como:

* Encontrar uma solução para um problema não resolvido no seu emprego. Transforme esse problema num projeto e medite sobre uma possível solução.

* Tomar decisões sobre algumas questões específicas relacionadas à família, à carreira, à educação etc.
* Elaborar um plano de ação para sua semana ou seu mês.

Concentre seus pensamentos nesses três passos. Deixe que outros pensamentos aleatórios passem. Com a prática, menos pensamentos intrusos chegarão à sua mente e você dominará a técnica. À medida que se aperfeiçoar, você perceberá as vantagens da medização ao longo do dia. Você se sentirá calmo, tranquilo, mais animado, menos irritado e menos distraído. Se julgar conveniente, ao terminar a meditação, anote alguma orientação intuitiva importante ou um plano de ação que lhe tenha ocorrido.

Um aspecto importante da medização é procurar manter essa estabilidade e a confiança ao longo do dia. Pouco ou nada adianta meditar durante uma hora e depois voltar ao seu estado de espírito habitual. Fique atento ao longo do dia para detectar quaisquer emoções ou pensamentos negativos que estejam prontos para perturbá-lo. A meditação pode fazer-lhe muito bem ao longo da vida se você assumir a responsabilidade por seus hábitos de pensamento.

Todo este processo pode levar de 15 minutos a uma hora, dependendo da sua disposição de prosseguir. Durante a realização das suas tarefas diárias, reserve algum tempo para este processo cativante e transformador de vida. Você ficará mais contente com sua vida e mais confiante em relação aos seus planos. A medização não elimina a agitação do seu dia de atividades, mas aumenta seu potencial para fazer mais com as mesmas 24 horas.

Observação:

A meditação da respiração normal tem por base a coerência cardíaca e o padrão respiratório controlado. Em seu livro *Coherence: The Secret Science of Brilliant Leadership* (Coerência: a Ciência Secreta da Liderança Brilhante), o dr. Alan Watkins, neurocientista e especialista em liderança, explica que o desempenho do cérebro (ou seja, sentimentos, pensamentos, emoções e comportamentos) está ligado ao desempenho fisiológico do corpo. Se você consegue controlar a fisiologia (funções normais do corpo e de suas partes), será capaz de controlar o que sente e o que pensa.

A fisiologia pode ser controlada por diferentes sistemas corporais. Um dos métodos utilizados para isso é a respiração, sobre a qual você pode ter certo controle. O aspecto mais importante da respiração é o seu ritmo, seguido pela suavidade da entrada e da saída do ar e pela localização da atenção. Ao controlar o padrão respiratório, você influencia o coração de maneira positiva e, em consequência, sua fisiologia. Alguns sábios do passado também praticavam a respiração controlada. Respirar de modo rítmico e suave aumenta a “coerência cardíaca”. Um coração coerente é aquele em que a variação no intervalo de tempo entre batimentos cardíacos consecutivos (variabilidade da frequência cardíaca [VFC]) é suave. A técnica de medização com respiração normal utiliza a coerência cardíaca para levar o cérebro a um estado meditativo. Veja algumas razões importantes por trás disso a seguir.

Num estado de calma fisiológica, o coração induz também o cérebro à coerência. Como resultado, o cérebro passa do estado beta para o estado alfa. Este é um estado de calma, criatividade e intuição. A partir daqui, com a prática, é possível passar para os estados teta e delta, os estados superiores de consciência responsáveis por percepções psíquicas e experiências místicas. Um cérebro com ondas cerebrais coerentes favorece o pensamento direcional, afirmações, visualizações, habilidades relacionadas à solução de problemas e paz de espírito.

O coração pode processar emoções de maneira independente e levar seu cérebro a corresponder a essas emoções. Concentrando-se no centro do peito com atitude positiva e amor, você torna seu coração mais coerente e eleva-se na escala emocional. Assim, criando de modo intencional um ciclo de emoções positivas, você auxilia o processo de criação por estar na zona de energia correta.

Batimentos cardíacos caóticos e incoerentes, causados por fatores internos ou externos, prejudicam o seu desempenho cognitivo, social e físico. Podem exauri-lo no âmbito emocional, dificultar sua capacidade de pensamento e afetar seu comportamento e seu desempenho. Como o objetivo da meditação é proporcionar um efeito de bem-estar, a prática de uma meditação de coerência cardíaca beneficia seu coração, o cérebro e o corpo.

A coerência cardíaca afeta o corpo no aspecto mental, físico e emocional e promove a cura.

Algumas pesquisas

- Uma pesquisa conduzida pelo dr. Eric Schadt e sua equipe, publicada na *Nature's Translational Psychiatry*, levou à conclusão de que a meditação traz mais benefícios de longo prazo para a saúde e para as emoções do que as férias, que têm benefícios de curto prazo para o bem-estar.
- Em um estudo de revisão de 2014 realizado por Newberg *et al.* enumeraram-se os benefícios da meditação para o tratamento de doenças neurodegenerativas, o que levou à conclusão de que a meditação melhora a cognição e beneficia a memória de pacientes.
- Um estudo sobre a meditação da atenção plena (*mindfulness*) realizado por Britta K. Holzel *et al.*, 2011, sugeriu o aumento da concentração de massa cinzenta em regiões cerebrais responsáveis pela aprendizagem, pela memória, pela regulação emocional e pela tomada de perspectiva.

- Uma parcela significativa de um corpo docente participou de uma pesquisa para demonstrar a eficácia das práticas de meditação na redução dos sintomas de depressão (Teasdale *et al.*, 2000), na dor crônica (Grossman *et al.*, 2007), no abuso de substâncias (Bowen *et al.*, 2006) e na melhora da qualidade de vida (Carmody e Baer, 2008).
- A meditação também está associada à redução do pensamento autorrelacionado do cérebro e à divagação mental, conforme estudo de Bishop *et al.*, 2004, Brewer, Worhunsky *et al.*, 2011, Kathleen A. Garrison *et al.*, 2015. A redução da divagação mental gera uma vida mais feliz e proporciona mais concentração.

Capítulo 7

"Receba" realizando ações

"As infinitas maravilhas do Universo nos são reveladas
na exata medida em que somos capazes de recebê-las."
— Helen Keller (ativista)

No caminho da realização de suas aspirações, a última etapa consiste em "receber". Ao pedir algo, você sempre espera ser atendido. Receber significa precisamente isso. Nesta etapa, você precisa fortalecer as possibilidades de alcançar seus objetivos realizando ações e comportando-se como se tivesse criado sua realidade desejada. Espere o melhor chegando a você. Viva como se a energia do Universo o estivesse abençoando. Visualizações são encenações que você cria em sua mente com os olhos fechados. Receber é uma encenação em que você atua de olhos abertos. É viver no futuro, mas no presente momento.

Pedir e acreditar são atos por meio dos quais você harmoniza seus pensamentos, suas crenças e seus sentimentos com seus objetivos. Ao receber, você vincula suas ações aos seus objetivos. Como o seu subconsciente não sabe distinguir entre realidade e imaginação, ele prepara o caminho para que você concretize o que imaginou, estimulando-o a agir.

AFIRMAÇÕES positivas para os seus objetivos

↓

VISUALIZAÇÃO criativa dos seus objetivos

↓

Criação de OPORTUNIDADES

↓

Realização de AÇÕES

↓

REALIDADE criada

Figura 1: Receber é a última etapa do processo de realização dos seus objetivos.

Você alcançará seus objetivos na mesma medida em que acredita que receberá o que pediu. Você precisa agir como se estivesse vivendo esse futuro agora, neste momento. Essa atitude fortalece as possibilidades de criar a sua realidade almejada. Por exemplo, se você sonha em se tornar um comediante de *stand-up*, suba numa plataforma elevada imaginando que seja o seu palco. Faça piadas engraçadas na frente do seu público imaginário. Exploda de alegria por se apresentar diante de uma casa cheia. Imagine os aplausos da plateia. Sinta o orgulho e a confiança que você tem em si mesmo. Práticas assim fazem emergir o que há de melhor em você porque você se torna um observador proativo da realidade que deseja criar.

Atitudes para receber com eficácia

O processo de receber se completará quando você começar a se comportar como se estivesse vivendo a vida dos seus sonhos. Você poderá cumprir essa etapa com mais facilidade assimilando e praticando as atitudes recomendadas a seguir. Elas irão ajudá-lo a representar o conteúdo da sua imaginação e lhe assegurarão o sucesso. Uma série de eventos, então, se desencadeará, impulsionando-o na direção do seu objetivo.

❖ Gratidão

As duas palavras mais intensas e profundas que o predispõem a receber abundância em todas as fases da sua vida são "muito agradecido". Não há nada mais elevado do que dizer "agradecido" pelo que você tem. Nas palavras do mestre espiritual Irmão David Steindl-Rast, "A fonte da alegria é a gratidão [...]. Não é a alegria que nos torna agradecidos; é a gratidão que nos dá alegria".

Seja grato do fundo do coração por tudo o que tem. O estado de contentamento que resulta do agradecimento atrai outras pessoas, circunstâncias e sentimentos positivos para sua vida, todos dignos de novos atos de gratidão. A gratidão lhe dá esperança de receber mais momentos de satisfação do repositório da energia do universo ao seu redor. A gratidão eleva você, aumentando sua confiança no poder do seu pensamento e na energia do Universo. Quando é agradecido pelo que tem neste momento, você atrai outros momentos dessa mesma natureza para sua vida. Seja grato como se as coisas que anotou em sua lista de objetivos lhe tivessem sido ofertadas. Nas palavras de Wallace D. Wattles: "A fé nasce da gratidão. A mente agradecida espera continuamente coisas boas, e a expectativa se torna fé".

Você pode ser grato por muitas coisas em sua vida – por sua família, casa, dinheiro, educação, pelos alimentos, por sua saúde, filhos, trabalho, negócios, prêmios, talento, pelo bem-estar, pelo luxo, pelo Sol, pela água, pelo ar, pela natureza ao seu redor etc. Quanto mais grato você for, mais motivos terá para agradecer. Todos os aspectos da sua vida serão enriquecidos. A gratidão é como o acelerador do seu carro. Sem ele, é quase impossível chegar ao destino.

Se continuar sentindo pena de si mesmo e estiver insatisfeito com a sua vida, o que você receberá será mais decepção. Quando você diz "Ah, sou um perdedor sem sorte!", seus pensamentos o remetem para todo tipo de aborrecimento e de preocupação que você tem em sua vida. Assim, você age como um observador, criando uma realidade contraposta às suas aspirações.

Alguns podem estar pensando que não é possível praticar a gratidão quando se vive num estado de grande miséria, como numa situação de pobreza extrema, sem recursos para alimentar os filhos, de estar desempregado, de ser reprovado em exames, de dívidas, quando se sofre de uma doença grave e em muitas outras situações semelhantes! Bem, posso lhe dizer que, mesmo assim, você pode ser agradecido por alguma coisa; talvez por estar vivo, pelas árvores que lhe fornecem oxigênio, por sua família, por ter um teto acima da sua cabeça, por ter um diploma universitário, por ter INR 100 no bolso ou por estar vestido. Mesmo se a sua vida passar por um grande tumulto e agitação, seja grato pelo ar que respira, porque isso lhe possibilita viver mais um dia e modificar a sua existência!

Aqui, lembro-me de uma bela experiência narrada pelo dr. Joe Vitale, autor consagrado e orientador espiritual, em uma de suas palestras sobre a gratidão. Ele relatou uma ocasião em que estava sem dinheiro e, com relutância, resolveu praticar a gratidão. Pegou então um lápis e agradeceu a utilidade daquele lápis que lhe possibilitava escrever muitas coisas. Esse pequeno gesto o levou a perceber a importância de ter um lápis e lhe propiciou um aumento de energia. Assim, de um agradecimento a outro, deu-se conta de que devia ser grato por muitas coisas em sua vida. Com um simples pedacinho de madeira e grafite, atraiu para si uma vida de prosperidade e renome. Isso não aconteceu por causa do lápis em si, mas pelos sentimentos de gratidão que dirigiu a ele. Se começar a praticar a gratidão de maneira consciente todos os dias, você identificará muitas pessoas, situações e percepções pelas quais deveria agradecer.

A gratidão fortalece o vínculo entre você e seus objetivos. Em essência, as emoções ligadas a essa prática são vitais para pensar de modo proativo. O sentimento de gratidão abre portas para outros sentimentos maravilhosos, como felicidade, satisfação consigo mesmo, amor, confiança, serenidade, esperança, admiração e entusiasmo. Em 2013, os psicólogos Robert Emmons e Michael McCullough estudaram o efeito da gratidão sobre a felicidade e o bem-estar das pessoas. Os resultados mostraram que as pessoas que agradeciam de maneira habitual e consciente pelas situações positivas com que se deparavam eram mais alegres e revelavam um nível mais elevado de bem-estar do que aquelas que não agradeciam. Portanto, comece neste instante, agora mesmo!

Expressar gratidão regularmente é um dos melhores investimentos que você pode fazer para transformar sua vida. Leve em consideração os benefícios recebidos, não suas tristezas. Agradeça pelo momento presente para ter um amanhã melhor. Cada dia, por pior que seja, terá pelo menos uma coisa pela qual você pode ser agradecido.

Antes de ir para a cama, depois de acordar pela manhã, durante a meditação ou em qualquer outro momento do dia, tome consciência de tudo o que você tem. Pense em cinco pessoas e cinco coisas pelas quais você é agradecido.

Você pode começar mantendo um diário de gratidão. Chamo o meu de Livro de Bênçãos. Ele me dá a oportunidade de registrar, enumerar e agradecer tudo aquilo pelo que sou abençoada. Habituando-se a registrar suas bênçãos, você perceberá que a vida tem muito a oferecer. No fim de cada dia, relacione pelo menos duas ou três situações pelas quais você teve sentimentos de gratidão ao longo do dia. Pode inclusive escrever um parágrafo emotivo detalhado sobre algo em particular pelo qual você é especialmente grato.

Quando deixei meu emprego, meu círculo social ficou muito restrito. Meu trabalho de escrita e pesquisa me mantinha ocupada o dia inteiro, de modo que eu não tinha tempo para socializar. Durante esses dias, sem muita aventura em minha vida, meu Livro de Bênçãos ficou restrito a algumas coisas básicas pelas quais eu era agradecida, como amor, saúde, boa alimentação etc. Então, um dia, resolvi me aprofundar nos afazeres do cotidiano para encontrar outros pequenos detalhes positivos. Para meu espanto, identifiquei muitas outras situações que deveriam receber os meus agradecimentos – meu marido que chegava cedo do trabalho, minha auxiliar doméstica, cujo apoio era tão importante enquanto eu me ocupava com a escrita, minhas caminhadas pelas ruas do bairro à tardinha, as belas plantas na minha varanda, as fortes chuvas que enchiam o pequeno buraco na frente de casa e a vista panorâmica das colinas pela janela ao lado da minha mesa de trabalho. Durante muito tempo, ignorei essas belezas que a vida me oferecia todos os dias! Num dia cheio de tarefas e prazos, apreciar pequenas coisas da vida pode se tornar uma fonte de inspiração para seguir em frente.

Se você ainda acredita que a vida não tem nada de bom a lhe oferecer, lembre-se de que existem milhões de pessoas que perderam seus entes queridos, que não têm o que comer, que não têm uma sombra onde se abrigar, que não têm dinheiro suficiente para manter os filhos na escola. Pense um pouco nelas, e se tornará impossível não encontrar algo pelo qual você possa ser grato!

De hoje em diante, sempre que pedir a realização de algum desejo, reserve antes um momento e agradeça por todos os seus desejos já satisfeitos. Kabir, um poeta místico indiano do século XV, expressa muito bem o significado da gratidão neste dístico: "Na angústia, todos O invocam; na alegria, todos se esquecem d'Ele. Quem ora na alegria, que tristeza lhe pode advir?".

❖ Ações voltadas para os seus objetivos

Assim como seus pensamentos, suas ações também devem estar em sincronia com seus objetivos. Quando quiser alcançar um determinado objetivo, pratique atos coerentes com o pedido feito. Ações corretas o conduzem às áreas de energia correta. Os pensamentos trazem seus objetivos para mais perto; as ações promovem sua consecução.

Sendo um observador orientado para a ação, você sinaliza para a energia do Universo: "Ei, amiga, estou no caminho certo. Você pode então se apressar um pouco e me enviar minha cota de alegria?". A parte mais importante de receber é agir como se já tivesse o que pediu. Com as atitudes corretas, você vive como se já fosse abundante, sem nenhuma escassez. Então, mãos à obra! Faça algo que o leve a se sentir mais feliz, mais rico e mais saudável. Nas próximas seções, você poderá descobrir um modo de gerar ações e pensamentos coerentes.

Sua mente subconsciente é um banco de dados de tudo o que você já viu, ouviu, sentiu ou experimentou na realidade ou na imaginação. Quando você começa a se concentrar no seu objetivo, o cérebro lhe envia as informações mais apropriadas na forma de memórias, intuições, ideias, planos, pistas, sexto sentido etc. À medida que você começa a criar as oportunidades certas, a mente lhe propicia diferentes maneiras de levá-lo a sentir essas oportunidades. Você precisa identificá-las e seguir em frente. Agir nesse momento é um passo essencial no processo de recebimento. Os exemplos a seguir lhe permitem compreender como a mente o estimula a se colocar em ação.

* Você está tentando se qualificar para o programa de intercâmbio cultural de estudantes. Sua mente o induz a

ir a um seminário onde você conhece o coordenador do programa, e ele lhe dá algumas dicas valiosas sobre como se candidatar ao programa.

* Você está ansioso para abrir uma empresa, mas não sabe por onde começar. Sua observação pode criar uma oportunidade em que sua mente o estimula a ler uma revista empresarial que descreve as etapas iniciais necessárias para abrir seu negócio.

Suas afirmações e visualizações farão com que oportunidades batam à sua porta. Mas o que mais importa é que você as identifique e comece a agir. Sem ação, suas afirmações e visualizações serão como castelos no ar. Na maioria das vezes, suas orações serão atendidas; esteja pronto para recebê-las com as mãos bem abertas. Uma solução se apresentará se você estiver disposto a cooperar. A natureza abre várias portas para quem ousa explorar suas belezas. O especialista em liderança global Robin Sharma disse, certa vez, com propriedade: “Sonhe grande. Comece pequeno. Aja imediatamente!”.

As sessões de meditação também podem ajudá-lo a explorar as ações que você deseja realizar. Veja a seguir algumas perguntas que você pode se fazer durante a meditação.

* O que é preciso fazer para alcançar os meus objetivos?
* O que posso fazer para vislumbrar novas possibilidades?
* Quais aptidões preciso desenvolver?

* Qual é o meu próximo plano?
* Como posso melhorar o meu bem-estar geral?
* Como devo planejar meu dia para que seja mais produtivo?
* O que devo fazer para ter um estilo de vida saudável?
* Como posso me tornar um parceiro calmo e solidário?
* Como posso melhorar a minha prática?
* Como posso iniciar minha jornada espiritual? E assim por diante.

O dr. Srini Pillay, professor assistente de psiquiatria na Escola de Medicina da Universidade Harvard e autor de *The Science Behind Law of Attraction* [A Ciência por Trás da Lei da Atração], nos traz outro belo fato sobre o modo como as nossas intenções nos levam a realizar ações. Ele explica: "As regiões cerebrais relacionadas à 'intenção' estão muito ligadas às regiões relacionadas à ação. Como resultado, a ativação das regiões cerebrais envolvidas na intenção começam a acionar os centros de ação. A intenção precisa ser bastante forte para que a ação ocorra. Além disso, quando você coloca sua atenção em uma determinada sensação (na dor, por exemplo), essa sensação pode piorar".

Um pensamento leva a outro, uma habilidade leva à seguinte e um plano leva a outro. Realize a primeira ação e execute o primeiro plano. Não espere, porque o tempo passará rápido e você descobrirá que mais um dia chegou ao fim, deixando-o num estado miserável. Se você procrastinar hoje, nunca saberá como estava perto de receber. O Princípio de Pareto 80-20 afirma que 20% de ações efetivas produzem 80% de sucesso. Então, comece agora . . . Neste momento!

Para explicar a importância de agir, faço um breve comentário ao "efeito borboleta". Esse conceito foi popularizado pelo meteorologista Edward N. Lorenz para nos levar a compreender as previsões do tempo. Na cultura popular, o efeito borboleta significa que mesmo um pequeno evento ou uma ação podem afetar demais o resultado. De uma forma ou de outra, mesmo as menores ações produzem reverberações na energia universal. Cada resultado em sua vida decorre das ações que você já realizou. Os pequenos atos que você evita hoje podem atrasar muito a sua felicidade.

Planejamento

Os conteúdos da imaginação se transformam em realidade por meio das ações que realizamos para desenvolvê-los, ações essas que, em geral, precisam ser planejadas. Os planos devem ser objetivos e sempre ter como ponto de referência o tempo. Ao planejar, aplicamos ou buscamos conhecimentos pertinentes, ouvimos a nossa voz interior, alimentamos imagens de sucesso etc. Todos esses aspectos são discutidos nas páginas seguintes. Então, você pode ver além do comum e agir de modo extraordinário. Grandes objetivos podem ser divididos em etapas menores. Também nessa fase você pode usar o seu diário da felicidade. Reserve uma página para cada objetivo, sintetizando por itens as ações que precisa realizar e registrando o respectivo cronograma, ou seja, períodos de tempo e prazos. Procure fazer, a cada dia, algo que o aproxime mais dos seus objetivos. Mesmo um pequeno passo que você conseguir dar hoje favorecerá as etapas seguintes, e você saberá o que fazer na sequência.

Durante esse processo, talvez você encontre alguns contratempos, o que não deve ser motivo de desânimo. Ocorrências e situações que você vê como derrota ou malogro podem, na realidade, representar mudanças muito valiosas na sua vida. Não anseie por ver o fim. Dê o primeiro passo – ligue para um amigo para aconselhar-se no que precisa, diga ao seu parceiro o que a está magoando no relacionamento, peça ao seu chefe o aumento que você merece, vá para aquela exposição anual, visite algumas casas-protótipo, compre aquela revista, associe-se ao clube, participe de alguma comunidade *on-line,* imprima panfletos publicitários da sua empresa, convide potenciais clientes para um chá, publique aquele artigo, escreva aquele *blog*, poste um anúncio *on-line*, matricule-se num determinado curso, inicie seu programa de exercícios etc. Faça o que parecer óbvio e proveitoso.

Vejamos tudo isso com alguns exemplos a seguir.

* Se quer vender a sua casa, procure um corretor de imóveis, reforme a casa para que pareça atraente para

os compradores e divulgue sua intenção no seu círculo de contatos para que a informação possa chegar a algum possível comprador de boca em boca.

* Se quer ser indicado a um prêmio, compre a roupa que usaria nesse grande dia, exercite seu discurso de premiação com confiança, comporte-se como um vencedor e viva as sensações e os sentimentos que um vencedor teria.

Ações voltadas à melhoria do seu ambiente

Neste contexto, o termo "ambiente" significa o espaço onde você vive, trabalha, viaja ou passa a maior parte do seu tempo. Pode ser um pouco estranho imaginar que o ato de receber possa ser afetado pelo seu ambiente, mas, pela minha experiência, sempre considerei essa prática muito frutífera. Vejamos como.

Seu ambiente é essencial para manter o seu alto-astral. Uma casa bonita, arrumada, aconchegante e bem decorada é um espaço para o qual você sempre vai querer voltar. Ele deve refletir seus objetivos. Deve enchê-lo de entusiasmo e ardor. Sinta a emoção do sucesso quando está nele. Um ambiente limpo e inspirador o deixa mais alegre, apaixonado e criativo; conserva seu bom humor e atrai pensamentos mais positivos, que resultam em bem-estar; o deixa animado para agir, prosseguir e identificar novas oportunidades, até então adormecidas. Esclareço este tema com alguns exemplos, a seguir.

* Se você começou um negócio e ainda não alugou um espaço para o seu escritório, não transforme sua casa num escritório ambulante, sentando-se aqui e ali com seu *laptop* e seu telefone. Encontre um cantinho em um dos cômodos, coloque ali a sua mesa, decore a parede com um quadro do seu gosto e mantenha-o organizado. Posicione o computador e seus documentos do modo como o faria em seu cubículo de escritório. Você pode inclusive comprar uma cadeira executiva giratória para ampliar suas sensações. Trabalhe sempre nesse espaço. Recostar-se com displicência em sua cama enquanto fala com um cliente por telefone reduz seu entusiasmo e sua produtividade.
* Se você quer ser um guitarrista famoso, encontre antes um cantinho especial para guardar sua guitarra e tocá-la. Se prefere tocar sentado, adquira uma cadeira bem confortável e, enquanto toca, imagine a plateia aplaudindo a sua apresentação.
* Se pretende ser um artista plástico, coloque o seu melhor quadro num espaço amplo e agradável para que possa chegar a ele com facilidade sempre que quiser. Contemple-o com frequência e visualize o momento marcante em que sua obra estará em exibição em uma galeria de arte da sua preferência.
* Se a natureza o deixa inspirado e feliz, coloque algumas plantas na sua sacada ou faça um jardim do seu gosto, se tiver espaço. Sente-se ali, aprecie a beleza e seja grato

por esse momento. Acredite, esse simples procedimento o renovará depois de um dia cansativo e rejuvenescerá sua mente com pensamentos repletos de energia.

Esses exemplos são apenas a ponta do *iceberg*. Se tiver criatividade, verá que há muitas alternativas possíveis para mudar seu ambiente e refletir os seus objetivos.

O dr. Richard Wiseman, professor de Psicologia Pública na Universidade de Hertfordshire e escritor renomado, sugere que a presença de plantas na sala promove a criatividade. Além disso, se você se dedica a uma tarefa criativa, decore seu local de trabalho com a cor verde e, se possível, evite a vermelha. A necessidade de um ambiente positivo é comprovada pela prática do sistema filosófico chinês conhecido como *feng shui*.

Quando tomei a decisão de escrever este livro, comprei pela primeira vez uma escrivaninha confortável. Também coloquei um grande painel de cortiça (em substituição a um quadro de avisos) na parede à minha frente e fixei nele citações e imagens inspiradoras. Esse era o meu quadro de visualização. Em um dos lados da mesa estavam meus livros preferidos, bem-organizados, e no lado oposto havia um pequeno vaso com uma planta que atrai dinheiro e um belo porta-canetas. Essa era a minha versão da mesa de uma escritora. Sempre que me sento para escrever, vivo uma vida de escritora de sucesso. Adoro trabalhar no meu escritório de casa todo decorado.

Às vezes, pode ser difícil mudar as coisas ao seu redor, mas procure encontrar esse espaço para si mesmo, pois sempre pode haver alguma coisa que você possa combinar com seus objetivos. Você pode comprar algumas coisas associadas a eles, reorganizar sua casa e seu escritório, deixar as coisas limpas e arrumadas ao seu redor, decorar o espaço com algum trabalho artesanal etc.

Nem sempre é necessário gastar dinheiro para criar um ambiente aconchegante e prazeroso. Você pode improvisar e reorganizar ou redecorar. Eu mesma fiz isso sem gastar dinheiro desnecessário. O mais importante a lembrar é que, seja o que for que você faça, seu ambiente deve ser limpo. A limpeza atrai energia positiva. Um ambiente limpo e organizado favorece a meditação sobre os seus objetivos de modo mais eficaz. Marie Kondo, em seu *best-seller The Life-Changing Magic of Tidying Up* [A Magia Transformadora da Limpeza], diz: "Um quarto bagunçado é reflexo de uma mente desordenada". A essa altura, acredito que ninguém deseja ter uma mente caótica!

Se a sua vida está repleta de e-mails não respondidos, contas não pagas, cozinha desarrumada, roupa suja, tarefas pela metade e guarda-roupa revirado, você não conseguirá manter um humor agradável por muito tempo. Tarefas inacabadas sempre lhe lembrarão a bagunça em que você se encontra. A desordem irá afetá-lo sem que você perceba. Para um bom começo, limpe sua mente e sua casa e conclua suas tarefas. Assim, você se disciplina e eleva sua força de vontade. Tudo isso o influenciará em longo prazo.

❖ Imagens de sucesso

O conceito de imagem de sucesso é um verdadeiro fator de motivação. Eu o conheci em um excelente livro, *Megaliving* (Megaliving: 30 Dias para uma Vida Perfeita), escrito por Robin Sharma. Em termos simples, podemos definir a imagem de sucesso como a imagem-reflexo do que ou de quem você quer se tornar. Por exemplo, se quer ser um tenista famoso no mundo inteiro, comece a fazer o que os campeões de tênis fazem, leia os livros que leem, pratique da maneira como praticam, leia seus artigos e suas entrevistas, assista a suas partidas etc. Isso fortalece sua crença e o prepara para receber a boa sorte. Quando faz o que uma pessoa de sucesso ou seu ídolo faria, você está de fato levando sua mente a acreditar que é tão bem-sucedido quanto ele. Como resultado, todos os seus pensamentos e as suas ações serão orientadas para o seu objetivo. Suas ações serão perfeitas e incontraditáveis. O intervalo de tempo entre sua observação e a criação da realidade diminuirá.

Em seu livro *Think and Grow Rich* (Pense e Enriqueça), Napoleon Hill, autor do primeiro *best-seller* sobre o poder do pensamento, chama isso de "hábito de adoração aos heróis". Ele explica que, muito antes de escrever o livro, criou o hábito de se reconstruir tentando imitar nove dos homens da história que ele mais admirava.

❖ O seu objetivo último – a felicidade

A vida deve ser expressão da alegria, não busca constante da alegria. Devemos encontrar a felicidade agora, no momento presente. Se quer construir uma vida afortunada, você precisa ser feliz agora. A felicidade presente atrai a felicidade futura. O que você dá retorna para a sua vida. Sua felicidade não pode ser governada por nenhum "se", "mas", "então", "bem...". Para receber, você não pode esperar ser feliz no futuro, pois esse "esperar" reflete escassez no presente.

A fonte da felicidade está dentro de você. Você é responsável pela sua felicidade. Se acredita que só será feliz se o seu cônjuge, seu amigo, sua família, seu vizinho, seu cliente ou chefe começar a fazer as coisas de determinado modo, você está enganado. Como isso é possível? A jornada é sua, as emoções são suas, os pensamentos são seus e as ações são suas... então, como sua felicidade pode depender de outra pessoa? Essa compreensão é absolutamente essencial se você quiser avançar nessa jornada de autoaperfeiçoamento.

Todas as emoções que fazem você se sentir feliz vão aproximá-lo dos seus objetivos. A felicidade mantém você em sintonia com os seus objetivos. Quanto mais você se permitir experimentar ou imaginar uma condição alegre, mais magnético você se tornará. A felicidade também é contagiante. Quando está feliz, você faz com que as pessoas ao seu redor também sejam felizes, e o resultado é um ambiente positivo que será desfrutado por todos.

Em seu livro *59 Seconds* (59 Segundos), o professor Richard Wiseman aborda maneiras maravilhosas de ser feliz, algumas das quais incluí aqui. Devemos acumular experiências, não bens. Muitas vezes, um dia bem vivido é um dia com uma boa lembrança associada a ele, como um jantar com a família, fazer uma trilha, assistir a um bom filme, gozar férias, praticar um esporte etc. Experiências assim enchem a alma de emoções positivas que geram memórias reconfortantes. Não se preocupe com um estilo de vida materialista o tempo todo. Esse modo de viver só proporciona gratificações breves e passageiras. Então, prepare uma refeição diferente, saia de casa, relaxe, cante, expresse gratidão, escreva no seu diário da felicidade, assista a programas de comédia, caminhe em sintonia com a natureza, dance, pinte, ouça música, leia um livro ou faça o que quer que o leve a se sentir contente do fundo da alma. Pratique seus *hobbies*, pois fazem sua criatividade brilhar e com eles você se sente bem e inspirado.

A ciência mostra que atos de generosidade nos deixam felizes de verdade. Ajudar e ser bondoso com qualquer ser vivo faz com que você se sinta feliz durante muito tempo.

Dar não significa necessariamente presentear alguém com algo que tenha valor material. Pode ser uma ajuda não monetária. Abordarei esta questão em detalhes numa próxima seção. Por fim, um rosto sorridente e o modo de ser disposto e animado aumentam ainda mais as possibilidades de ser feliz.

❖ Apreciação *versus* crítica

A apreciação é uma autoestrada para o livre fluxo de energia positiva. Ela produz uma onda imensa de emoções positivas, como alegria e gratidão. A apreciação sincera, sem falso orgulho, inspira-o e eleva seus pensamentos para criar mais qualidades que possam ser apreciadas. Apreciar, valorizar, elogiar outras pessoas por seu caráter, sua ajuda, suas aptidões, seu comportamento ou suas ações faz com que você se sinta bem e se torne uma pessoa melhor. A apreciação libera mais sorrisos e nos proporciona regozijos. Há um antigo ditado muito sábio: "O que você aprecia, se valoriza!". Isto é, quando você aprecia alguma coisa ou alguém, seu valor aumenta. Se você não consegue apreciar algo, como pode obtê-lo? Além disso, se você aprecia uma pessoa e é grato pela presença dela em sua vida, você também recebe o crédito por fazer alguém sorrir.

As críticas, por outro lado, o desviam do caminho que deve seguir. Críticas são uma caixa de Pandora de problemas. Quando você critica, está falando mal de alguém ou de alguma coisa, ou está resmungando ou brigando. Todas as palavras pesadas e emoções negativas o afastam mais dos seus objetivos, criando uma realidade contraditória em sua mente. Em vez de julgar, de ser ciumento, de viver descontente ou raivoso, procure ser calmo, compassivo e humilde. Resolva ressentimentos, elogie e admire as pessoas. A filosofia huna diz: "Abençoe aquilo que você almeja".

❖ Intuição: o seu guia interior

Na época em que eu decidi deixar o emprego e me dedicar ao que eu mais queria, muitas pessoas conhecidas acharam que eu era alguém com uma "vida bagunçada". (Aos olhos da sociedade em que vivemos, quando alguém se forma no IIT [Indian Institutes of Technology] e resolve largar o emprego para seguir sua paixão, cria uma realidade que, para os outros, é muitas vezes incompreensível.) No entanto, meu coração, minha mente e todas as células do meu corpo sabiam que eu jamais me arrependeria desse período da minha vida. Minha voz interior ficou comigo o tempo todo, encorajando-me a fazer o que eu queria, em vez de viver uma vida medíocre, fingindo ser feliz. Ela me fez acreditar que a minha missão era escrever para motivar as pessoas.

"Intuição é a capacidade de compreender de imediato, sem interferência do raciocínio consciente, sendo, às vezes, explicada como um 'sentimento visceral' sobre o acerto ou o erro de uma pessoa, um lugar, uma situação, um episódio temporal ou um objeto." (Simon M. McCrea, 2010).

A orientação interior, ou intuição, não envolve lógica, equações, razões e estatísticas que você pode explorar quando navega na internet. É a voz com a qual a sua alma conversa com você nos momentos em que se encontra com ela em silêncio, em que a ouve e acredita no que ela sussurra. Intuição é o conhecimento adquirido nas dimensões além da percepção dos cinco sentidos. Quem exatamente envia esses palpites? Talvez o cérebro, o subconsciente, a consciência ou a energia do Universo? Quem sabe? Uma coisa, porém, é certa: ela só se manifestará na direção guiada pelo seu processo de pensamento.

Pesquisas mostram que a intuição não é um fenômeno supersticioso, como se acreditava até pouco tempo atrás, mas um tipo de percepção extrassensorial (PES). Essa faculdade está disponível a todos, embora em graus variados, à semelhança de uma aptidão. John Mihalasky, professor do Instituto de Tecnologia de Nova Jersey e coautor do livro *Executive ESP* [PES Executiva], conduziu uma série de testes de intuição e relatou que executivos com habilidades precognitivas se revelam mais capacitados a tomar decisões empresariais melhores. Richard Branson, fundador do Grupo Virgin, declarou que "[...] confio muito mais no instinto do que na consulta de enormes quantidades de estatísticas... Todos nós temos uma sensação intuitiva do que é melhor... Sigam-na!".

Pesquisas publicadas por Soon *et al.* (2008) e Voss e Paller (2009) sugerem que o subconsciente toma decisões intuitivas antecipadas, sem a nossa percepção consciente. A mente subconsciente faz isso decodificando o conjunto de memórias e informações nela inseridas ou conectando-se com a energia do Universo. Veja, tudo está em algum lugar interligado com seus pensamentos e suas crenças. O que você introduz em sua mente pode resultar em intuição mais adiante em sua vida. Tudo está ligado ao que você vive pensando.

Jack Canfield, coautor da série *Chicken Soup for The Soul* (Canja de Galinha para a Alma), teve a "ideia de um milhão de dólares" de vender seu livro depois de adotar a prática da visualização. Sua voz interior o orientou para uma oportunidade que mudou sua vida para sempre.

A intuição pode se manifestar na forma de visão (clarividência), audição (clariaudiência) ou sentimento (clarissenciência). Durante essas manifestações, a percepção consciente será importante se você quiser receber alguma informação sutil. A consciência de si mesmo e do ambiente prepara-o para ver através dos fragmentos de informação que lhe forem fornecidos. Inspirações súbitas podem chegar na forma de uma placa na rua, da capa de uma revista, de uma conferência de que você participou, de um sonho, do lampejo de uma ideia, de um instinto etc.

Quanto mais você acreditar nessa habilidade e a praticar, mais rápido dominará o ato de receber orientações do seu eu interior. A meditação e a visualização são ferramentas que podem melhorar suas habilidades intuitivas.

Você pode fazer uma lista de todas as variedades de intuições que continua recebendo de vez em quando. Esse procedimento aumentará sua confiança no processo.

Ouvir sua voz interior como orientação pode ser de grande proveito, sobretudo quando você começa a trabalhar com base em alguns novos objetivos da sua lista de afirmações. Haverá momentos em que você não saberá por onde começar ou qual direção seguir. Se isso acontecer, sente-se em silêncio, relaxe e respire fundo. Peça ao seu eu interior que lance alguma luz sobre a forma como deve prosseguir. Você pode pedir um plano de ação, sugestões, informações, ideias, oportunidades etc. Muitas vezes, você encontrará respostas para os problemas durante a meditação, um pouco antes de adormecer ou no momento de despertar, pela manhã.

Se quiser obter esclarecimentos detalhados sobre o como e o porquê da intuição, sugiro que leia as obras de Sonia Choquette, conhecida especialista em fenômenos como intuição e orientação visionária. Além disso, o YouTube contém uma maravilhosa meditação guiada por Jason Marianoff que você pode adotar para receber respostas do seu eu superior.

❖ Seja um doador

Adam M. Grant, professor da Universidade da Pensilvânia e autor do *best-seller Give and Take* (Dar e Receber) destaca nessa sua obra a beleza da generosidade altruísta. De acordo com sua teoria, quem ajuda as pessoas sem intenções de receber alguma espécie de retorno é mais bem-sucedido em longo prazo. O ato de dar alegra o coração e cria um sentimento de contentamento que eleva os pensamentos e as emoções.

O processo de pensamento no momento de dar também é importante. Há pessoas que dão de coração aberto (não apenas coisas materiais), irradiando sentimentos de riqueza e satisfação na própria vida. Outras dão com o sentimento de perda associado ao ato. Também há pessoas que têm o coração tão fechado que nunca querem dar nada a ninguém. Os dois últimos tipos exalam o sentimento de escassez e carência, criando, assim, mais condições dessa natureza na própria vida.

Sua santidade o Dalai Lama expressa de modo admirável em seu livro *Beyond Religion: Ethics for a Whole World* (Além da Religião: Uma Ética por um Mundo Sem Fronteiras) o seguinte: "Doar bens materiais é uma forma de generosidade, mas podemos estender uma atitude generosa a todo o nosso comportamento. Ser gentil, atencioso e honesto no trato com os outros, fazer elogios quando é devido, oferecer conforto e conselho onde são necessários e simplesmente compartilhar o tempo com alguém, todas essas são formas de generosidade e não exigem nenhum nível específico de riqueza material".

Quando cria o hábito de dar com desapego, você instala portas abertas para receber em abundância. Você mostra à energia do Universo que tem o suficiente para repartir com os outros. A sua generosidade multiplicará a sua felicidade e iluminará a vida da outra pessoa. Ela fará de você e do mundo um lugar mais bondoso e feliz para se viver.

Entusiasme-se, sem se deixar obcecar

Uma longa lista de objetivos e propósitos de ação pode gerar obstáculos relacionados ao como e ao quando serão alcançados. Se você planta uma semente, é inútil preocupar-se com seu crescimento o tempo todo. Seu trabalho é regá-la e expô-la à luz do Sol. O renomado defensor das medicinas alternativas e escritor Deepak Chopra, conhecido no mundo inteiro, destaca a importância do desapego aos nossos desejos. Ele diz: "No desapego está a sabedoria da incerteza [...] na sabedoria da incerteza está a liberdade com relação ao nosso passado, ao conhecido, que é a prisão dos condicionamentos passados. E em nossa disposição de nos aventurar no desconhecido, o campo de todas as possibilidades, entregamo-nos à mente criadora que conduz a dança do Universo".

Às vezes, você não consegue se aproximar do seu objetivo mesmo depois de praticar sistemas de crença corretos, de expressar desejos afirmativos e de exercitar a visualização criativa. É de grande valia compreender que, ao observar e tentar receber, seus objetivos devem ser desejos positivos, e não demandas desesperadas. Atitudes como ficar obcecado com a realização do seu objetivo ou desejá-lo em excesso refletem escassez no momento presente. Seus sentimentos e pensamentos de escassez produzirão, de modo imperceptível, crenças inconscientes de carência. O estado de obsessão e desespero indica que suas emoções e a energia ao seu redor são negativas. Não basta ter pensamentos específicos; as emoções associadas a eles também são de suma importância.

Você não alcança os seus objetivos desenvolvendo o processo PAR repetidas vezes para o mesmo objetivo. Você precisa parar em algum ponto. Você precisa fazer a sua parte e abandonar a expectativa de receber o melhor resultado. Se persistir no ciclo de afirmações e visualizações, você sinalizará que seu desejo ainda não se realizou. Você ficará preso numa rede. No processo de criação, seus esforços devem ser tranquilos e suaves. Se aplicar o processo pedir-acreditar-receber com sinceridade, seus esforços darão frutos. Um observador assim não terá dificuldade em se distanciar da ansiedade do resultado. Se você plantou pensamentos positivos em sua mente e praticou as ações necessárias, o resultado será algo maravilhoso. Respeite o ritmo do tempo em vez de se preocupar com isso. Sua ansiedade pode esmorecer sua atitude positiva, retardando o resultado.

Preciso ressaltar de modo especial que "desapegar-se" é uma ferramenta muito importante e necessária para a manifestação. Se fez bem a sua parte, você terá algum senso de certeza e satisfação na realização dos seus desejos. Você terá tranquilidade e uma sensação de sabedoria. Esse sentimento é importante, pois indica que você superou a inércia da realidade e foi um bom observador, com crenças subconscientes eficazes. Só então você começa a ressoar com seu objetivo e se harmoniza com ele no presente momento.

Quando surgirem pensamentos de ansiedade e dúvidas, feche os olhos e relaxe. Respire no padrão rítmico 5-5-2 com um sorriso no rosto. Mantenha a calma e lembre-se de que sua mente e a energia do Universo estão em ação. Se foi um observador diligente, você cumpriu a sua parte. Agora, apenas divida outras partes da responsabilidade do processo de criação com a energia do Universo ao seu redor. Faça o que estiver ao seu alcance e deixe de lado todo o ceticismo. Tenha fé. Você não precisa ver a escada inteira no início. Suba um degrau de cada vez e veja seus objetivos específicos ou suas metas realizando-se a cada passo. Não se apegue em demasia aos seus desejos, pois essa atitude o impede de transformá-los em realidade. O ato de soltar, de deixar fluir, reflete sua fé no poder do pensamento, da mente e do processo de criação. É o último elo entre os seus objetivos e a sua realização.

Além disso, para a consecução dos seus objetivos, não pressione o processo de criação para que ele siga o único caminho que você conhece. Seus objetivos podem ser alcançados de muitas outras maneiras desconhecidas que você sequer imaginou. Talvez você seja atendido de algum modo melhor do que escolheu para receber! Não se restrinja. Em algum ponto você precisa recuar e deixar que o poder superior lhe traga algo gratificante. Se você pediu e acreditou de modo consciente, oportunidades melhores baterão à sua porta.

E mais, o período de tempo entre um desejo e sua realização constitui um valor em si mesmo; prepara-o para compreender com plenitude as consequências da intenção para evitar arrependimentos futuros. Por isso, não seja impaciente.

Como lidar com céticos e pessimistas

Você está tentando desmentir o milenar modo de pensar humano; isso significa que você, com certeza, atrairá manifestações de desagrado. No Capítulo 2, discorremos sobre o ceticismo predominante em torno do conceito do poder do pensamento. Se chegou até aqui, você mostra de modo claro que está entusiasmado com esse novo conhecimento e que iniciou sua jornada de adesão ao pensamento proativo praticando os vários métodos descritos no livro. Mas sua vida não se restringe a você; você tem amigos, companheiros, cônjuge, pais, colegas e conhecidos que acham essa ideia boa demais para ser verdadeira. Se não agir com maturidade, esse conflito de ideias entre você e as pessoas ao seu redor pode gerar algum desconforto, de duas maneiras.

Primeiro, talvez as pessoas estejam na zona de energia negativa. Elas ignoram o que são capazes de alcançar e o poder dos pensamentos com que convivem no dia a dia. Então, se tentar impor-se a elas, você pode ser ridicularizado por acreditar em tolices da Nova Era.

Em segundo lugar, talvez lhe peçam para voltar a viver no mundo real e prático, que, na verdade, é feito de sofrimentos e desafios – pois essa é a realidade vivida pela maioria dos seres humanos. Talvez você acabe pensando que, na vida real, não são os seus pensamentos que decidem o seu destino, mas, sim, a sua família, a sociedade e o governo.

Procure compreender que a mentalidade de cada um é diferente e que o fato de você querer se impor a alguém acabará em discussões e conflitos inflamados que deixarão ambos em uma zona de energia negativa. Alguns dos seus familiares podem ter dificuldades para mudar suas crenças e aceitar um conceito fora da caixa. Mas tudo bem. Você é responsável pelos seus pensamentos, não pelo que os outros pensam. Agora, conhecendo toda a verdade por trás do poder do pensamento, você não pode se dar ao luxo de reduzir sua energia positiva. Se você não quer que a atitude pessimista dos seus próximos o prejudique ou influencie, trabalhe suas emoções positivas. As pessoas só podem brincar com seu estado de espírito se você permitir. Seu mundo é governado de dentro para fora, não de fora para dentro.

Os céticos à sua volta não devem ser confundidos com suas opiniões diferentes. O que eles lhe dizem é o que ouviram desde a infância. Expressam o que sabem e aquilo em que acreditam. Quanto a você, concentre-se apenas em praticar o que sabe e constituir sua crença.

Sugiro que continue praticando o processo PAR com dedicação. Todos os que tentam deixar uma marca na vida, a princípio sempre se deparam com posições antagônicas. Crie a sua vida de sonhos aos poucos, um passo de cada vez. Não faça pregações sobre o poder do pensamento. Deixe o seu comportamento falar por você. Atraia coisas boas para si mesmo e pense em passar bons momentos com as pessoas ao seu redor. Quando a mudança sobre a qual você, às vezes, fala acontecer, você estará em condições de inspirar os outros a acreditar em si mesmos e no poder do pensamento. Eu mesma sou testemunha de que bons hábitos são contagiantes. Se você está inspirado e cumprindo um bom ritual, com certeza, produzirá um impacto positivo nas pessoas ao seu redor. Dê-se uma oportunidade e, de uma vez por todas, ignore toda a negatividade emitida pelos outros.

❖ Cuidados com a saúde

Um corpo saudável abriga uma mente saudável, e uma mente saudável concebe pensamentos saudáveis. Por isso, cuide da sua saúde todos os dias. Exercícios e uma dieta benéfica são essenciais para manter o corpo sadio. O exercício não só tonifica os músculos como também condiciona a mente a ser mais focada e estável. Será fácil controlar uma mente assim. Você perceberá que sua resistência e sua energia aumentarão dia após dia à medida que praticar algum programa de exercícios: uma rápida caminhada, corrida, yoga, aeróbica, dança etc.

Do mesmo modo, mantenha uma dieta nutritiva bem planejada. Em comparação com outras partes do corpo, o cérebro é o que mais consome energia. Por isso, alimente-o de maneira correta. Pense no seguinte: quando está com fome, você se irrita com facilidade e não consegue se concentrar numa tarefa difícil. Assim, sempre mantenha seu cérebro com muita energia para que ele tenha condições de se concentrar mais e produzir pensamentos corretos. Além dos seus pensamentos, também suas ações terão mais eficácia se você ingerir alimentos saudáveis. Você estará totalmente abastecido para ousar, sonhar alto, fazer mais e atingir seu potencial máximo. Buda disse, certa vez: "É dever de cada um manter o corpo saudável; do contrário, não conseguiremos manter a mente forte e lúcida".

O poder de alcançar o equilíbrio mental depende de você. O melhor presente que você pode oferecer ao seu cérebro, fonte dos seus pensamentos, é uma boa saúde. Se quer se tornar um pensador proativo, você precisa assumir o controle sobre o que pensa; para isso, precisa garantir que sua mente e seu corpo estejam na melhor condição possível.

❖ Valorize as pequenas vitórias

Ao iniciar esta nova jornada em direção à autotransformação, é importante você valorizar os esforços que faz para progredir. Cada bom pensamento, cada tentativa para controlar sua raiva, cada manifestação de gratidão, cada sessão de visualização concluída etc., tudo isso é motivo para congratular-se. Comemorando pequenas vitórias, você se mantém motivado. A sensação de satisfação que o invade é uma demonstração de que você não está sozinho nessa jornada. Ela dissipa todas as dúvidas e o inspira a fazer mais.

Uma maneira de valorizar essas vitórias é registrá-las no seu diário da felicidade. Todos os sinais, as provas, os incidentes, os hábitos, as ações, as sincronicidades e intuições que o poder do pensamento traz para você são diferentes formas de crescimento. Em pouco tempo, você também poderá presentear-se com um delicioso sorvete, com um filme ou com uma hora a mais de sono! Essas pequenas doses de motivação fazem com que a jornada valha ainda mais a pena.

Síntese

"A mudança é o resultado último de toda verdadeira aprendizagem."
— Leo Buscaglia (escritor)

A certeza de que a vida está sob o seu controle é muito reconfortante. Ao mesmo tempo, porém, ela se faz acompanhar da responsabilidade de tornar a sua vida uma dádiva prazerosa.

O primeiro passo no processo de mudança é a "conscientização". Nenhuma mudança é possível sem consciência. Agora que você sabe que a solução para uma vida feliz está dentro de você, escolha seus pensamentos com inteligência. Empreenda e persista no caminho do autoaperfeiçoamento aplicando os conhecimentos absorvidos.

Sua Vida = f (sua mentalidade, suas crenças, seus objetivos, suas ações, pedir, acreditar, receber)

Agradecimentos

Em todo o processo de preparação destas maravilhosas informações para repassá-las aos meus leitores, muitas pessoas acreditaram em mim e me deram seu generoso apoio.

Sou grata ao Universo por me dar a coragem de enveredar por uma fase totalmente diferente da minha vida e nela me sobressair. Sou grata a todos os autores motivacionais e orientadores que divulgam este magnífico conhecimento à sua volta, inspirando as pessoas.

Agradeço ao meu marido, Abhinav Nigam, por seu imenso amor e cuidado. O apoio emocional, físico e financeiro que ele me proporcionou durante esse tempo é incomensurável. A ele devo o ensejo de ter conseguido tomar a corajosa decisão de deixar meu emprego e seguir o propósito e a paixão da minha vida. Ele sempre esteve presente para ouvir com paciência meus pensamentos e me aconselhar durante toda a minha vida, sobretudo enquanto eu escrevia este livro. Seu conhecimento do mundo e sua vida simples me tornaram uma pessoa melhor. Agradeço ao meu anjinho, minha filha Prisha, pelo fato de ser uma fonte de felicidade e motivação na minha vida e de me ensinar a paciência. Ela me inspira a fazer grandes coisas na vida e a deixar um legado maravilhoso.

Agradeço ao meu pai, Devendra Nath Srivastava, por seu amor incondicional e sua fé nas minhas aptidões. Ele sempre me incentivou a aspirar à grandeza na vida. Seus sacrifícios ajudaram a me tornar autoconfiante. A ele devo a circunstância de ter sido criada numa casa com uma excelente biblioteca, o que me possibilitou iniciar a minha jornada no mundo dos livros. Sou grata à minha mãe, Manju Devendra, por seu cuidado amoroso. Ela foi um pilar de sustentação durante todas as provações da vida e sempre me motivou a ser uma mulher independente. Agradeço ao meu irmão, Aakash Srivastava, pelo decidido apoio à minha decisão de compartilhar meus conhecimentos por meio deste livro. Agradeço a ele e a Murtaza Salumber pelo lançamento da minha plataforma *on-line* – authorswati.com.

Gratidão ao meu sogro, Priya Vivek Nigam, e à minha sogra, Manjula Nigam, por seu apoio e pelo carinho incessantes. E também a Ankuri, minha cunhada, por sua orientação sobre várias perspectivas relacionadas ao mercado literário.

Sou muito grata à minha editora, Hay House India, por acreditar no meu trabalho e me oferecer esta maravilhosa oportunidade de publicar meu livro. Devo agradecimentos também a Raghav Khattar por me ajudar a apresentar meu manuscrito e resolver minhas dúvidas durante esse processo. Sou imensamente grata ao meu editor, Aditya Jarial, por dar ao manuscrito sua melhor forma.

Também agradeço a Sonali Pawar e Nupur Hirani por suas contribuições para a finalização e a divulgação do livro.

Meus melhores agradecimentos a todos os meus familiares, amigos e professores que me apoiaram em diferentes iniciativas da minha vida. Também gostaria de mencionar aqui alguns nomes que desempenharam papéis da maior relevância na formação da minha personalidade e no desenvolvimento do meu interesse pela leitura e pela escrita. Meus professores da escola, dr. V.S.E.C – Jyotsana Pandey, sra. Suman, Shruti Mishra, Neelima Raizada e Vikas Saxena. Meus professores da universidade Amity – dra. Rachna Singh, dra. Sayali Mukherjee e dra. Nalina Singh, e minha prima, Jyoti Srivastava. Também estou em dívida com três mentores maravilhosos em minha vida que acreditaram no meu talento e em minhas habilidades: doutor Jonaki Sen (IIT Kanpur), dr. Arun Kumar (IIT Delhi) e dr. Vishnu Ranade (General Electric, GE).

Com amor e gratidão,

SWATI SRIVASTAVA

A Autora

Swati Srivastava é uma engenheira que se tornou escritora. Depois de se formar no IIT Delhi, trabalhou na General Electric (GE). Swati conheceu os poderes da mente humana ao ler o livro *MegaLiving*, de Robin Sharma, em 2012. Desde então, com muito esforço e aplicando de maneira consciente o poder do pensamento em sua vida, ela continuou acrescentando uma estrela após outra à sua jornada – de uma universidade de prestígio a um emprego de renome e, em seguida, ao encontrar um companheiro de vida maravilhoso e ter uma filhinha adorável.

Com o tempo, à medida que perguntas instigantes começavam a fervilhar em sua mente, ela se deu conta de que alguma coisa mais lhe estava reservada. Depois de muito ponderar e, ainda mais do que isso, munir-se de coragem, ela deixou o emprego numa empresa multinacional para ir em busca do verdadeiro propósito da sua vida.

Em pouco tempo, passou a se dedicar à sua vocação definitiva e renunciou a todas as outras opções profissionais. Direcionou seu amor pela literatura inspiradora e pela escrita para se tornar escrito motivacional. Enfrentou muitas provações em seu caminho, mas hoje se orgulha de ouvir sua voz interior e de conseguir superar o medo oculto na conhecida pergunta "O que as pessoas vão dizer?". A confiança e a crença no poder dos seus pensamentos ajudaram--na a encontrar seu propósito, sua paixão e a alegria de viver.

Com os seus escritos, ela quer conscientizar as pessoas em geral a respeito da importância e da influência dos pensamentos, do papel das crenças na criação do nosso destino e das ferramentas de sucesso para alimentar pensamentos voltados para a criação de uma realidade a partir da nossa lista de desejos.

- Para ofertas de bônus e atualizações de livros, inscreva-se em authorswati.com
- Conecte-se com a autora nas redes sociais:
  - Facebook: @swatisrivastava.author
  - Instagram: @swatisrivastava.author
- Envie sua avaliação para feedback@authorswati.com
- Para quaisquer outras questões, escreva para a autora no endereço contact@authorswati.com